目　次

歴史文化ライブラリー

341

〈身売り〉の日本史

人身売買から年季奉公へ

下重　清

吉川弘文館

1　弱者が人身取引の犠牲になる

弱者が人身取引の犠牲になる――プロローグ

ハイチでの子ども連れ出し事件

二〇一〇年一月一二日（日本時間一三日）、カリブ海の島国ハイチを襲った大地震は、首都ポルトープランスを直撃し、人口四〇〇万人のうち二〇〇万人が避難生活を送らなければならなくなった。地震での死者は二〇万人を超えたといわれている。

地震発生から二週間以上が過ぎた一月三〇日、被災した子ども三三人を連れて、イスパニオラ島の隣国ドミニカ共和国に出国しようとしたアメリカ人一〇人が、国境近くでハイチの警察に逮捕された。地震後の混乱に乗じて、震災孤児たちが違法な養子縁組の餌食となったり、人身売買目的で国外に連れ出される懸念があってハイチ政府は警戒していた。本来、国外への養子縁組には首相による許可が必要であり、その手続きをせずに無許可のまま子どもたちを連れ出そうとして拘束されたのである。

女性五人、男性五人からなるアメリカ人一〇人はアイダホ州のキリスト教会関係者も含まれており、「ハイチ孤児救援ミッション」を組織して、孤児の救出目的で被災地に向かった。一月二八日、ポルトープランスの南部、山あいにあるカルバスという村にやってきた彼らは、同村の子ども二〇人を含め、生後二か月から一二歳までの合計三三人の子どもをバスに乗せ、陸路でドミニカへ向かうところであった。ドミニカでは孤児院を設営し、養い親になる人を探す計画だったという。貧しい人を助けるために善意でやったことで、お金を払ってもおらず、人身売買への関わりを否定した。しかし、ハイチ政府は手続きを故意に無視した違法行為だとして、二月四日、一〇人を児童誘拐罪などで起訴した。

被災地の事情

被告側は、ポルトープランスで孤児施設を運営しているバプテスト派の宣教師から依頼を受けて、壊滅した施設の孤児をドミニカの施設に収容するつもりで、連れ出そうとした子どもたちはみな孤児や養育を放棄された子どもたちだと主張していた。しかし、その後の調べで全員、少なくとも母親か父親のどちらか一方が生存しており、孤児は一人もいないことが判明した。

一方、アメリカ人グループが逮捕されたと聞き、取材された子どもたちの家族は異口同音にアメリカ人たちを釈放してほしいとコメントした。自分たちから子どもを彼らに引き渡したという。

いったい、どういうことか。

子どもを引き渡すことになった現地の親には、実親ではなく、若干の養い親や里子後見人も含まれていた。また、孤児院の子どもたちの多くは孤児ではなく、極貧に苦しむ親・親類が子どもたちの食事と教育を確保するために、願い出て子どもを孤児院に預けたケースがほとんどであった。さらに、現地の役人のなかには正規の養子縁組の手続きを渋る者もおり、国内外へ養子に出すこともままならない現状であった。これは、以前より養子縁組を装った人身取引が横行しており、ハイチ政府が養子縁組の厳格化方針をとっていたこととも関係している。つまり、もとより貧困で子どもに充分な教育を確保できていなかった親・家族は、震災という非常事態のなかで、現地を訪れたアメリカ人グループにすすんで子どもを預け、ドミニカでの成長に子どもの将来を託したのである。

本来ならば、子どもたちの正式な出国許可はもちろんのこと、まずハイチのパスポートを取得する必要があった。そのパスポート費用（一人につき一万一〇〇〇円ほど）すら、現地の家族たちには捻出することができなかった。そこでグループがとった手段が、無許可での強行出国であった。

後日、グループのリーダー以外は早期に釈放され、リーダーの罪状も出入国法違反に切り替えられた。五月一七日にリーダーに有罪判決が出されたが、禁固三か月と八日とされ、勾留期間の方が超えており、即時釈放された。

じつは、二〇〇四年一二月のスマトラ島沖地震での大津浪被害後にも、同様に被災した孤児らが人身取引の被害にあっている。最大の被災地、インドネシアのアチェ州から各地の避難所に送られた孤児のなかには、親戚と名乗るニセの保護者によって連れ去られるケースが多数見られ、大災害の混乱のさなか、その実数すら判明していない。

災害時に限らず、子どもをはじめ弱者ほど人身取引（人身売買）の犠牲になりやすい。ただし、人身取引は組織的な犯罪者の悪辣な手段・方法によってのみ成立しているとは限らない。貧困や無教育、正確な情報の途絶など、社会状況や生活環境が子どもを手放す側にもスキを与え、無意識のうちに荷担させられてしまっている側面も無視しえない。

幸い二〇一一年三月一一日の東日本大震災後に子どもの人身取引は報告されていない。ほどなく、生存している児童・生徒、および未就学児は正確に人数が把握された。その点で現代における日本社会の成熟度を感じ取れるが、地球規模で見た場合には、まだ特殊事例に属するのかもしれない。

さて、日本の歴史上における、その時どきの権力者は、こうした人身取引を禁止したり、取り締まったりしたのであろうか。本書では、歴史の中の身売りとはどのようなものであったのか、さまざまな史料をもとに解き明かしていこうと思う。

人身売買と「人売り買い」

時代を分けている人身売買禁止令

安良城理論

学校で習う日本史では、おおよそ鎌倉時代から室町時代を経て織田政権あたりまでを中世と呼び、豊臣政権にはじまり明治維新までの江戸時代を近世と呼び慣わしている。この時代区分が当たり前と思われているが、一九五〇年代までは、ともに武家政権の時代、あるいは封建制時代として一括して扱われていた。中世〜近世の歴史学を研究する者にとっては、ほとんど自明のこととして認識されているが、この時代区分は安良城盛昭《あらきもりあき》氏による研究成果がきっかけとなって導き出されたものである。

「太閤《たいこう》検地の歴史的前提」（『歴史学研究』一六三・一六四号、一九五三年）と「太閤検地の歴史的意義」（同一六七号、一九五四年）という二本の論文にはじまる一連の研究は、歴史上の日本社会を生産関係（ウクラード）にもとづいた主たる経済構造によって段階的に発展する社会ととらえる説で、安良城理論と呼ばれている。おおまかにいえば、総体的奴隷制にもとづく律令《りつりょう》体制社会を古代、家父長制的奴隷制にもとづく荘園体制社会を中世、農奴制にもとづく徳川幕藩体制社会を近世、そして近代を資本主義社会と位置づけ区分した。グランド・セオリーともいわれる世界史の基本法則でもある発展段階論の普遍性を前提に、日本における封建的生産様式のアジア的特質を議論しようとした新説であった。それまでは、封建制時代途中の南北朝内乱期にひろく成立する名主《みょうしゅ》経営を農奴制とみなし、その時点に、いわゆる小農民（単婚小家族自営農民）の自立化動向を見出していた。そうした先行研究を批判するかたちで提示されたため、両者間に活発な議論が展開され、のちに太閤検地論争とも呼ばれることになる。

時代を分けた政策

安良城氏は、中世社会は荘園領主と名主、さらに名主と下人《げにん》・所従《しょじゅう》という二重の生産関係で成り立っており、前者は農奴制的な関係とみなせるが、後者は奴隷制的な関係であり、後者の生産関係の比重が無視しえない段階と位置づけた。そして、豊臣政権の太閤検地を一大画期として、その後の統一政権の推し進めた小農民（小農）自立政策が奴隷制を否定する政策であったことを論証し、経済構造上、中世と近世は同一に扱えない、区別すべきものと論じたのである。論争と並行して近世史研究の自立化が進むなかで、学会でも安良城理論の大筋が受け入れられ、その成果が学校の教科書にも反映することになった（安良城盛昭『日本封建社会成立史論　下』岩波書店、一九九五年）。

では豊臣政権から江戸幕府にかけて統一政権がとった、奴隷制否定の特徴をもつ小農自立政策とは、太閤検地以外にはいったいどのようなものがあったのか。安良城氏はそうした政策として、幕藩領主層による領民（小農）らに対する恣意的な支配・成敗の禁止、代官や有力農民らによる中間搾取（作合い）の否定、人身売買の禁止、百姓の譜代《ふだい》下人化の阻止、および奉公人契約の年季制限などをあげている。これらの政策は、名田《みょうでん》地主的な大規模経営における手作り経営部分を縮小させ、経営内の傍系家族（血縁親族）や名子《なご》・被官《ひかん》・門屋《かどや》などと呼ばれた隷属農民らを小農民として自立させるものであった。また、労働力を人身の売買によって経営間を移動させるのではなく、年季奉公人という雇用労働契約によって労働力のみを売買させるよう仕向けた。こうして、百姓身分の者が一時的にとる地位・状態である年季奉公人を体制的に成立させることによって、奴隷制に頼らぬ生産関係を築いていく基礎としたという。すなわち人身売買禁止令は、中世の奴隷制から近世の農奴制へと日本社会を発展させた革命的な政策の一つと見なされることになった。

本書の課題

大胆にも、安良城氏が提示した、この人身売買禁止令が小農自立政策であったかどうかを改めて問い直してみたい。本書の一つ目の課題である。そもそも、統一政権以前には人身売買禁止令はなかったのか。中世にまでさかのぼって、禁止された「人売り買い」の内実に迫るとともに、幕藩権力が推し進めた年季奉公人化政策の具体的な内容を明らかにしてみたい。

そして、江戸時代の幕藩権力による年季奉公人化政策は人身売買を身売りに変えてしまう。いつごろ変質するのか。それで人身売買はなくなったのか。人身売買は社会実態として、慣習・習俗として、自然発生的に身売りに変質したのであろうか。親の借金のため、「イエ」のため、娘が泣く泣く遊女に売られていくという身売りが、どうして当たり前のことのように公然と行われたのか。この女性だけが遊女に売られていくという事実は、人身売買そのものではなかったのか。

本書のもう一つの課題は、これらの疑問に答えることにある。ただし、この点をジェンダーといった男らしさ、女らしさに依拠する問題として扱うのではなく、すこぶるつきの江戸時代の「イエ」の問題、いいかえれば基盤社会の問題として読み解いていこうというわけである。男と女の間の関係では見えてこない、こうした歴史のなかの身売りの本質を以下で解き明かしていこう。

奴婢と勾引売り

奴婢の売買

まず先行研究（神野清一『卑賤観の系譜』吉川弘文館、一九九七年）をたよりに、八〜九世紀のころ、いわゆる律令《りつりよう》制の時代までさかのぼって、人身の売買がどのように扱われていたのかをみてみよう。

当時の人びとは、複数の身分秩序によって身分区別されていたとされるが、その一つが良賤の身分秩序であった。王族をのぞく人びとを、官人・百姓《ひやくせい》・雑色《ぞうしき》人からなる良民と、奴隷である賤民《せんみん》との身分に分けて、賤民を差別するものである。賤民は、陵戸・官戸・家人・公奴婢《くぬひ》・私奴婢の五色《しき》の賤に分けられ、良民と竈《かまど》をいっしょにしない、良民との通婚を禁止するなど、法律をもって身分制の維持に力が注がれた。このうち、性別で奴（男性）と婢（女性）に呼び方の異なる奴婢は家内奴隷であり、個人や機関（役所・寺社）に隷属して、おもに運搬労働や雑役など非生産的労働に従事したとされる。

刑法に相当する律によれば、奴婢の売買は刑罰の対象とされていなかった。いいかえれば、動産の一つでもある奴婢の売買は禁止されておらず、奴婢は相続財産としても扱われた。現に、東大寺正倉院《しょうそういん》には天平《てんぴょう》一九年（七四七）など、奴婢を売買したときに交わされた売券《ばいけん》（売買契約書）が残っている。

一方、良民がその妻子を売り払った場合は、三年以下の徒刑《ず》（懲役・労働刑）が科されることになっていた。唐律など中国の先例を参考にして定められた量刑であるが、合意のうえでの場合や、両者間の親等によって、さらに減刑されたという。つまり、良民の売買は刑法上、原則的に禁止されていたのであるが、実際に親が子を、あるいは夫が妻を売った際には売ることになった事情を考慮して情状酌量の余地を残していたといえる。

また、良民を「略売《りゃくばい》」して奴婢とすることが禁止されていた。発覚した場合は遠流《おんる》（島流し）に処された。この「略売」とは拉致・誘拐行為を意味し、力ずくで連れて行ってしまうケースはもちろんのこと、多くの場合、売られていくことを本人に気づかれないようにだまして連れて行くものである。人勾引《ひとかどい》ともいわれ、この人さらい行為は違法とされた。

奴婢となる

それでは、人はどのようにして奴婢身分となったのか。奴隷化の要因はいくつか考えられる。

まず、①良民が犯罪を犯したり、あるいは重罪人に連坐して、それまでの地位・身分を剝奪され役所付きの官奴婢となることがあった（犯罪奴隷）。罪には穢《けが》れがともなっており、その罪の穢れによって賤民とされた。頂点にあった天皇・朝廷は、こうした官奴婢を多数かかえることによって、大規模な儀式のなかで、その聖性を際立たせることができたという。また、②良民が戦争や闘争の敗者として捕虜となり、その捕虜を勝者側が帰依する寺社に寺奴婢として寄進した（戦争奴隷）。寺奴婢は寺社に従属することとなり、おもに「キヨメ（掃除）」を担当した。そして、③納めるべき税の未納分の代わりに、あるいは借金の形《かた》として良民が売られて私奴婢となった（債務奴隷）。勾引《かどわか》されて売られた場合もふくめ、非合法なかたちで第三者の奴婢となるケースも多々みられた。さらに、④奴婢の間に生まれた子どもは、生まれながらにして奴婢とされた。家畜やペットの生んだ子は主人の家畜・ペットであるという論理である。

このように、奴婢身分は良民身分からドロップアウトしてなる場合と、奴婢によって再生産される場合とがあったことになる。略売されて奴婢となった者や寺奴婢らが解放を求めて、少なからず許されて良民身分に戻ったこともあったが、奴婢身分の自由が極めて制限されていたことは言を俟《ま》たない。

盗み取られた美女

一二世紀初めに成立したとされる仏教説話集『今昔物語集《こんじやくものがたりしゆう》』に、「清水《きよみず》の南辺りに住む乞食《こつじき》、女をもって人を謀《はか》り入れて殺す話《こと》」（巻二九の二八話）

が載せられている。京の都に住む近衛中将《このえのちゅうじょう》という若くてイケメンの貴公子が清水寺を詣でた際に、同じく参詣に来ていた若き美女を見初めてしまった。あでやかな着物を着て、楚々《そそ》として歩く姿に惹かれて声を掛け、寺近く、阿弥陀の峰の北にある彼女の住まいに押しかけることになる。仲睦まじくなると、彼女は泣きながら声を潜めて次のように寝物語をはじめた。その彼女の話を聞いて中将は肝を冷やした。

もともとは京の都の由緒ある家の娘で、両親が亡くなったあと一人暮らしをしておりました。そのことを聞きつけ、親切ごかしに近づいてきた今の主《あるじ》は、ありもしない作り話でもって私をだまして「盗み取」ったのです。この主は乞食で、自分の山里の住まいに私を囲い置き、時どき綺麗に身繕いをさせては清水寺に参詣させました。貴方のようにいい寄って来た身分のある男性とこのように同衾《どうきん》し、事が済み、寝入ったところを主が殺して、その高価な着物を剝ぎ取るのです。外で待たされている御供の者たちも皆殺しにて、その着物や乗り物を奪い取る段取りになっております。すでに二度、乞食の主のいうがまま、人殺しの手伝いをしたことがあり、貴方が三人目。もう、このようなことは続けられません。貴方の身代わりに私が殺されますので、どうか無事に逃げおおせたなら、何か功徳となることをしてください。

腰くだけになりつつ逃げ出す中将の背後に火の手が上がる……。後日、約束を守って中将は焼け跡に一寺を建立し、彼女の菩提を弔うのであった。

「今は昔」のこの説話は、平安時代の京都が舞台である。この美女はかどわかされて、悪乞食の悪行に手を貸していた。というより、手を貸さざるをえなかったといった方が正しい。かどわかされた彼女は、その行為が犯罪であることがわかっていても、主人の命令には逆らえない境遇にあった。であるから、罪滅ぼしのための一縷《いちる》の望みを中将に託して話したのかもしれない。説話上、彼女がだまされている状況を認識していたという前提でもってストーリーは組み立てられている。

しかしいつの時代も、実際に巧みな言葉でかどわかされた被害者の多くは、外部との接触を制限されることでだまされたことに気づかず、与えられた境遇が不当なものと理解していなかったりする。隷属環境が非合法な状態であることに気づいた場合でも、さらに第三者たる被害者を誘い込むことに協力することで加害者・支配する側にすり寄っていくのである。

禁止された勾引売り

律令以後において「人売り買い」についての法律が定められるのは平安末期のことという。法制史の分野で人身売買の歴史に関して多くの成果を残している牧英正氏の研究（『日本法史における人身売買の研究』有斐閣、一九六一年）に詳しい。「人売り買い」禁止令に、どのような伝統があったのかをみていこう。

治承二年（一一七八）、時は平清盛の全盛期であるとともに、比叡山延暦寺《ひえいざんえんりやくじ》の僧兵が京の町へ日吉《ひえ》神社の神輿《みこし》をくり出し、強訴《ごうそ》をくり返す物騒な世の中であった。この年の七月一八日、山陰道の諸国司《こくし》にあてて出された太政官符《だじょうかんぷ》の中に、「諸人の奴婢を勾引《かどわか》し、要人に売買する輩《ともがら》を搦《から》め禁ずべし」という箇条が見える（『続左丞抄』第二）。近年、京・畿内では他人の奴婢を掠《かす》め取って、奴婢を必要としている富裕層や役人へ、かどわかして入手したことを伏せて売却する「輩」が急増している。こうした違法行為は見過ごすことができないので、諸国でも同様の「輩」を見つけ次第に逮捕するようにという通達であり、その後もたびたび同内容の通達が出された。他人の奴婢を言葉たくみに盗み出し、問題ない奴婢であると偽って売る行為を頻繁に行っている「輩（悪徳業者）」が問題なのであって、奴婢の売買そのものを取り締まるための命令ではない。かつて、この太政官符をもって奴婢の売買そのものが禁止されたと解釈されてきたが、これは改めなければならない。

さて、この新制（朝廷法）の趣旨は鎌倉幕府にも受け継がれることになる。たとえば、嘉禄二年（一二二六）正月二六日、諸国の御家人等にあてた幕府下文《くだしぶみ》には、博奕《ばくち》の禁止を命じる箇条とともに、「勾引人ならびに売買人の輩を搦め禁ぜしむべし」という箇条がある（『中世法制史料集』1追加法№一五）。すなわち、将軍より領地を安堵された全国の御家人に対し、地域の治安対策の一環として、人をかどわかして売っている業者を逮捕せよというものである。これは、前年一〇月二九日に京都の朝廷より出された宣旨《せんじ》（新制三六か条）の箇条をくり返すものであった。前年宣旨では、「人を略する」罪、それと「和誘」の科《とが》、これらは以前から禁止してきた重罪であるが、いまだ各地で当たり前の習俗として行われているようなので、改めて国司以下地方の役人に取り締まりを命ずるものであった。力ずくの拉致・誘拐や、本人納得の上で（じつはだまされて）の人さらいが違法な行為として禁止の対象とされている。

見方を変えれば、対象が下人《げにん》・所従《しょじゅう》（ともに中世の家内奴隷）であろうと、武士や百姓であろうと、こうした勾引売りではない所定の条件を満たした人身の売買は違法ではなかったということになる。少なくとも、それらを取り締まった法令・通達は、平安期にも鎌倉期にも見受けられない。

生き延びるための「人倫売買」

寛喜の大飢饉

鎌倉幕府四代将軍九条頼経《よりつね》の時代、というより執権《しっけん》北条泰時《やすとき》の時代といった方が通りがよいかもしれないが、寛喜二年（一二三〇）から寛喜の大飢饉がはじまる。中世は飢饉・大災害の時代ともいわれ、鎌倉幕府が最初に体験した大飢饉であった。

この年の六月九日（新暦七月二七日）、夏だというのに美濃国蒔田庄（岐阜県大垣市）では雪が降り、武蔵国金子郷（埼玉県入間市）でも雪混じりの雹《ひょう》や雨が降った。その異常気象の知らせを聞いて怪奇ととらえた北条泰時は、同月一六日、年貢の減免や罪人の恩赦などを命じる内容の徳政令を出す一方、みずからも食事の量を制限し倹約・節制に心掛けたという。このように関東や中部地方を中心に、この年は記録的な冷夏となった。追い打ちをかけたのが、八〜九月にたび重なり日本列島を直撃した台風であった。そして一転、一一月には温暖化で京都でも桜が咲き、筍《たけのこ》が生え、ホトトギスや蟬《せみ》が鳴き出した。

こうした異常気象は、翌寛喜三年の春先から食糧不足を招来した。初夏に収穫予定の麦も、前年来の暖冬が原因で大不作となった。京の都では飢えた貧民らが群れをなして盗みをはたらく始末で、夏には栄養不足と疫病が多数の餓死者を発生させた。道は餓死者の死体であふれ、「天下の人種、三分の一失す」（『立川寺年代記《りゅうせんじ》』）とまでいわれた。

幕府も無策であったわけではない。たとえば、三月一九日、矢田六郎兵衛《ろくろべえ》にあてて、北条泰時は本来貸し付け用として備蓄してある米穀の速やかな拠出を命じている（追加法№二〇）。すなわち、今年に入って全国の飢饉状況、さらに人びとが餓死しているとの情報が風聞として幕府の耳にも入っており、非常に不憫に感じている。聞けば、伊豆・駿河両国では、備蓄してある出挙米《すいこ》の貸し付けを渋る富裕者がおり、飢え苦しむ者を増やしているという。矢田は出向いて貸し渋る富裕者を取り締まり、ただちに米穀を飢餓民に施すように、と命じたわけであった。

このように幕府は、その後も飢餓民を苦しめるだけの非法地頭《じとう》を解任するとともに、年貢の減免なども認めるのであったが、どれもこれも焼け石に水であった。寛喜三年の六～八月にかけて西日本が旱害に襲われ、飢饉はピークに達した。鎌倉幕府は飢饉状況の改善を祈禱するよう伊勢奉幣《ほうへい》公卿《くぎょう》勅使《ちょくし》の派遣を決定する。一〇月の派遣を前に、八～九月には全国の国司・荘園領主にあてて派遣費用が臨時の公事《くじ》（税）として賦課された。荘園領主たちも年貢はしかたなく半分にしたが、幕府から命じられたこの一国平均役の徴収は何がなんでもと、きびしく取り立てた。にもかかわらず、求められた額を期日までに納めることができないと申し出る国司等からの返答が相次いだ。この奉幣使派遣は本末転倒の結果をもたらし、結局人災となって飢饉状況を悪化させるのに一役買ってしまった。

「人倫売買」の登場

こうした飢饉状況は寛喜四年（一二三二）になっても収まらず、その後数年にわたって飢饉の影響が尾を引くことになる。拍車をかけたのが御家人ら地頭の非法である。減免されたとはいえ、飢え苦しむ百姓らが年貢を納める義務すべてを免除されたわけではない。まして、施行《せぎょう》の意味も込めて貸し付けられた米穀も、期日までに利息分を加えて返納しなければならない。それらを、公領・荘園の現地支配に大きな権限を持つようになった地頭がきびしく取り立てた。当然、払えない飢餓民が出てくる。それでも地頭は強引に人質をとって、未納分の徴収をはかった。

食うこともままならない飢餓民たちは追いつめられ、富裕な家に妻子を、そして自分自身をたやすく売り払うことになる。売り払うといってもタダ同然である。また、地頭や荘官・代官どころか荘郷の乙名《おとな》（有力百姓）たちにも断らずに、食わせていただければ働きますといって、みずからの家・田畑を放棄して富裕な家の厄介になった。生き延びるため、飢餓から逃れるための身売りといってもよい。家内奴隷である下人・所従の売買は問題にはならなかったが、こうした百姓らの安易な身売りを鎌倉幕府は不法行為と認識していたようだ。つまり、あり得べき人身売買ではない、本来ルール違反の人身売買ではあるが、大飢饉という尋常ならざる状況下であるので黙認せざるをえなかったといえる。

延応元年（一二三九）四月一四日に「勾引人ならびに人倫《じんりん》を売買する輩を搦め禁ぜしむ」（追加法№一一二）と命じた幕府は、三日後の一七日、北条泰時および評定《ひょうじょう》会議に出席した五奉行の連名でもって、「寛喜三年餓死のころ、飢人として出来《しゅったい》の輩は、養育の功労につきて、主人の計《はか》らいたるべきの由《よし》、定め置かれ畢《おわ》んぬ。およそ人倫売買の事、禁制ことに重し。しかれども飢饉の年ばかりは免許せらるるか」（同№一一二）と補足している。ここにはじめて登場してきた「人倫売買」は、先のルール違反である人身売買を意味している。それまで「人」と呼んでいたものを単に「人倫」といい替えたのではない。この時点で「人倫」が登場してきたことに意味があった。この鎌倉幕府の「人倫売買」追認政策については磯貝富士男氏の詳しい分析がある（『日本中世奴隷制論』校倉書房、二〇〇七年）。

つまり飢饉後数年経って、売られたり、生き延びるために親類や富裕層のもとに身を寄せたり、身売りした飢民たちの処遇・解放に関し相論《そうろん》が多発し、朝廷や幕府へ裁定を求める訴訟が相次いだという。彼らを買い取ったり養助してきた親類・富裕者は、なかば善意で匿《かくま》い面倒をみてきたに違いない。しかし、扱いは下人・所従とほとんど変わらない。なかには、面倒見切れず、彼ら飢民を第三者に売り渡そうとする者も出てくる。そうした場合に飢民側が親類・身内であることを理由に売却されることを拒んだり、飢饉時に売却された金額（少額）を弁済するので解放して欲しいと申し出るなど訴訟沙汰となり、権力側は裁定に苦慮することになる。

そこで確認されたのが一七日の裁定基準である。寛喜三年の大飢饉の時に飢人となり、餓死を免れるために売られたり、頼って親類・富裕者の養助を受けてきた者の処分はすべて主人の「計らい（一存）」に任せることとする。転売しようが、解放しようが主人の判断次第とされた。転売する場合には、買い取ったり質取りした金額にかかわらず、飢饉後のレートでもって売却することは問題ないという判断も示された。ルールを守らない人身の売買や不当・不法な人身の転売は本来「禁制」の対象であるが、幕府は飢餓民の命を救う一つの手段として、特例として黙認・追認してきたのだという。

「人倫売買」の禁止

さらに半月後の五月一日、執権北条泰時と連署《れんしょ》北条時房の連名でもって、京都で六波羅探題《ろくはらたんだい》の職にあった北条重時・同時盛に宛てて、次に示す御教書《みきょうじょ》（追加法No.一一四）が発せられた。

一、人倫売買の事、禁制これ重し。しかるに飢饉のころ、あるいは妻子眷属《けんぞく》を沽却《こきゃく》して身命を助け、あるいは身を富徳の家に容《い》れ置きて世路を渡るの間、寛宥《かんゆう》の儀につきて、自然無沙汰《ぶさた》の処《ところ》、近年甲乙人《こうおつにん》等面々《めんめん》の訴訟、成敗に煩《わずら》いあり。所詮《しょせん》寛喜以後、延応元年四月以

> 前の事においては、訴論人ともにもって京都の輩たらば、武士の口入《くにゅう》に能《あた》わず。関東御家人京都の族《やから》と相論事に至りては、当家の定め置かるる旨《むね》に任せ、下知せらるべし。およそ自今《じこん》以後、一向に売買を停止《ちょうじ》せらるべし。……

まず、飢饉時に「人倫売買」が宥免されてきた経緯を確認したうえで、黙認されてきた「人倫売買」をめぐる裁判沙汰が急増し、六波羅探題でも処理に手間取っていることに対して、その対処基準を提示している。寛喜の大飢饉以降、前月の延応元年四月までの「人倫売買」に関して、訴えた者と訴えられた者がともに武家以外の公家や寺社など「京都の輩」であるならば、「武士（六波羅探題、すなわち鎌倉幕府）」は相論に関与せず、裁定を下さないこと。ただし、「京都の族」と「関東（幕府）御家人」とが相論となっている場合には、飢饉後の「人倫売買」を原則宥免してきたという幕府の裁定基準によって裁くこと、とある。さらに、飢饉からの世上の回復が一定程度確認しえることを前提に、黙認してきた「人倫売買」を今後（「自今以後」）は認めないという方針が示された。

ここで禁止された「人倫売買」を売買可能な下人・所従以外の、すべての人間を売買することを禁止したとする学説もあるが、それは当たらない。「人倫売買」とは、飢饉時にのみ宥免されたルール違反の人身売買や不当・不法な転売行為を指している。そうした行為に主体的に関与した者が今後逮捕、処罰されることになったと解すべきであろう。

この「人倫売買」禁止令はその後何度も全国に発令され、各国の守護所《しゅご》の門前などに制札（高札《こうさつ》）として掲げられ、国中の人びとに周知徹底するよう命じられた。

さて、何度も禁止された「人倫売買」の内容について、その後の幕府の法令や、それを受けた守護大名らの施策から今一度確認してみよう。

「買う人」「売る人」

延応元年の翌年、仁治《にんじ》元年（一二四〇）一二月一六日、全国の地頭に通知した厳守すべき職務内容の一つとして「人倫売買」違犯者の逮捕があげられている（追加法No.一五六）。この場合の違犯者とは、「人勾引《ひとかどい》ならびに売買仲人《ちゅうにん》の輩」とある。当然、①「人勾引」は人さらいのことである。そして、②売買の「仲人」、すなわち仲介者が搦め捕らえる対象とされている。かどわかされた者をふくめ、不当・不法に売買された者を買い取り、需要先へ転売する悪徳業者のことである。この二者は、捕まえ次第に「関東（鎌倉）」へ召し連れてくるように命じられている。もちろん、不当に売られた者たちはただちに「放免（解放）」するようにとある。

仁治三年（一二四二）正月一五日、現在の大分県にあたる豊後《ぶんご》国の守護大名大友氏が領国内に通告した新御成敗状二九か条のうちにも、第七条に「人倫売買」違犯者の逮捕が規定されている（同No.一七八）。そこには、幕府からの命令（「関東御教書」）に従って、「御制に背く者、買う人といい、売る人といい、罪科に処すべき」こととある。「売る人」「買う人」とあれば、「売る人」と「買う人」は別人である。しかし、「買う人」「売る人」の順であるので、買って売る人、つまり同一人物となり、先の「仲人」と同様に逮捕されるのは売買の仲介者であることがわかる。

続いて、寛元三年（一二四五）二月一六日に幕府が定めた御成敗状追加三か条（同№二四二〜二四四）を見てみよう。寛喜の大飢饉に際して飢餓民が生き延びるために、(a)養子となった場合、(b)養助となった場合、(c)「人倫売買」された場合に分けて、相論・訴訟となっているそれぞれのケースについて具体的な裁許方法を示している。

(a)金銭等の授受を伴わずに養子として養ってきた場合は、養い親が養子を下人・所従同然に売却してはならない。もし飢餓養子を不当に売却したことが判明したならば、その売買契約は無効とする。(b)飢饉によってホームレス化した「無縁の非人」を養助してきた場合は、下人・所従同然に養い主が売却しても、あるいは跡継ぎに財産として相続させても処罰しない。ただし、「親類境界《きょうがい》」の者を善意から養助してきた場合、養い主一代の間は下人・所従同然に召し使うことはできるが、「御制」後は売却することはできない。ここでの「御制」とは、延応元年以降における「人倫売買」の禁止を意味している。養い主が死去したら「親類境界」の者たちは解放され、財産として跡継ぎに相続されることもない。であるから、養助してきた「親類境界」の者が今後、養い主によって売却されたならば、その売買契約は無効とされ、売られた「親類境界」の者は自由の身となるとされた。

そして、(c)人商い業者に「人倫売買」された者については、「御制」以前と以後とで裁許方法が分けられた。まず、寛喜の大飢饉による特例処置として宥免されていた延応元年以前については、飢餓から脱出するために手放した「本主」も仲介した人商い業者もその罪は問わない。売られた者を「本主」が引き取りたいと願い、売られた者も戻りたいと望むのであれば、望みに任せて召し返すこと。その場合に、売って「本主」が得たわずかばかりの「直物《じきもの》（金銭・米穀）」の買い取り主への返却は無用とされた。

一方、「御制」後の「沽却（売却）」は違法であるので、まず違法と知りながら仲介する人商い業者に売却して「本主」が手に入れた「直物」は没収とする。その「直物」は、「直物」を支払った買い取り主あるいは人商い業者には返却せずに、兵乱で焼失してしまった京都祇園清水寺《きよみずでら》の橋（礼堂の舞台造り）の再建費用に充てること。売却された者は買い取られた先から解放され、自由の身とする。当然、再び売却される可能性があるので「本主」のもとへは戻してはならないと定められた。この場合でも、「本主」は「直物」没収だけで済んだことになる。

飢餓民衆の生き残り方法

こうした鎌倉幕府の対処事例から、飢饉の際に飢え苦しむ民衆が生き延びるためにとったいくつかの方法が判明する。

まず、幼児を飢えのため死なせてしまったり、間引《まび》くくらいならと、食い扶持減らしのため第三者のもとへ養子に出すことが考えられる。親の養育義務放棄であるが、親権の譲渡と引き替えに、子どもの生き残りを模索した末の一手段であった。

子どもだけでなく、一家全員で親類や縁者の家に転がり込むという方法もあった。厄介とも呼ばれる。食べさせてもらい住まわしてもらう代わりに、一家総出で厄介先の仕事を手伝うことになる。「親類境界」の養助というのがこの厄介に相当する。ただし、血のつながった血縁親族、あるいは厄介先で主《あるじ》の家族として扱われるのではなく、主の指令のままに仕事をせざるをえない隷属関係に置かれることとなる。

そして、経済的に余裕のある富裕者や地頭などから米穀・金銭を借用するという方法があった。借金を担保する財産などないから、妻子を人質に書き入れざるをえない。借用証文に担保として名前が書き入れられるだけで済む場合（見質《げんじち》）もあったが、返済できるまで債権者のもとに人身を手渡す場合（入れ質）も多かった。むしろ、それは人質となることによって、返済までの間、富裕者に養ってもらう意味合いもあった。

しかし、借用契約には利息がつきものであり、返済期限が定められるのが普通である。返済できなければ、当然担保物（人質）は流れて債権者の所有となり、質流れした人身は債権者の下人・所従、つまり家内奴隷となってしまう。ということは、人質形態の借用契約は、返済の見込みが立たない場合、端《はな》から人身売買契約とほとんど同じであったということになる。

借用した米穀・金銭の返済が滞ると、仮に人質を入れていなくても、結局妻子ばかりでなく本人自身が第三者に身売り（身曳《みび》き）して債務を弁済することになる。納めなければならない年貢を未納しているとか、飢饉で生き延びるためにしかたなくといった理由があれば、そうした身売りが問題となることはない。さらに地頭や荘官・代官に見届けてもらい、身売り契約を記録に残す証文を作成して、地域内（生活圏）の富裕者に直接に売り払えば罰せられることもない。とはいうものの、地域の富裕者が飢餓民を買い取るといってもそれにも限りがある。地域に買い手が見つからない場合、違法とは知りながら人商い業者の手を借りて、二束三文《もん》で縁もゆかりもないところに売られていくことになる。寛喜の大飢饉に際して幕府は、そうした本来許されない行為を追認・黙認したのであった。

もう一つ、逃散《ちょうさん》とか退転・欠け落ちという方法があった。頼れる親類・縁者がいない。地域で面倒を見てくれるような富裕者もいない。荘官・代官も地頭も良心的に対応してくれない。最後の手段は逃亡である。家族がバラバラになることもあった。逃亡した飢餓民はホームレスとなり、流浪の果てに「無縁の非人」として養助先が見つかれば、下人・所従同然の扱いであっても生き延びることができた。それさえ叶わなかった場合、その先にあるのは飢え死にか、野たれ死にであった。

違犯者の処罰

さて鎌倉時代、違法とされた人勾引や人商い業をして捕まった罪人たちに、どのような処罰が科されたのであろうか。

まず、御成敗式目には人勾引・人商いに関する処罰規定そのものは見られない。ただし、他人の妻との密懐《みっかい》（密通）罪（第三四条）の付則に「辻捕女《つじとらえ》」、すなわち路上で女性を捕まえ強姦等におよぶ行為について処罰規定がある。御家人は一〇〇日間の出仕《しゅっし》停止、郎従《ろうじゅう》以下は片方の鬢《びん》髪《ぱつ》剃りとされた。これは既出の仁治三年（一二四二）、大友氏の新御成敗状にも反映しており、「辻捕犯」は侍の場合一〇〇日の「籠居《ろうきょ》（閉門）」、雑人《ぞうにん》（侍以外）の場合、片鬢髪剃りか「召籠《めしこめ》（押し込め）」とされた（追加法№一八七）。片鬢髪剃りは見せしめのための身体刑であり、極刑に価する犯罪という意識はまだなかったといえる。

　不正な人商いについては、建長年間（一二四九～五六）の幕府法が参考となる。当時、鎌倉中および諸国で市が立つ時に「勾引人」や「人売り」「人商い人」が多く出没したといい、今後鎌倉では保《ほう》の奉行人、諸国においては守護が違犯者を逮捕して、氏名を確認したうえで追放刑に処すと定めている（同№三〇九）。そもそも住所不定で、だまして連れて行けそうな人を物色しつつ、安く人を買い集めるために諸国の市を廻り歩いている「人商い人」にとってみれば、絶海孤島への島流し以外の追放は無罪放免に等しかった。

　少し時代が下って、正応三年（一二九〇）には、「人商いと称し、その業をもっぱらにする輩」は、「その面《つら》において火印を捺すべし」とされた（同№六二五）。追放刑から再犯防止のための身体刑に変わっている。さらに、乾元二年（一三〇三）六月一二日に侍所《さむらいどころ》方での評定にて、「売買のためその業（勾引人）をもっぱらとする輩」は、盗賊に準じる罪とし、盗賊に科されると同じ「その沙汰（斬罪）」を科すという判決が出された（同№七〇九）。とうとう一四世紀に入ると、人勾引や不正な人商い業者は盗賊と同等の重罪と見なされ、死刑処分とされることになった（佐藤和彦「人買い舟の波の音」『日本古書通信』八二二号、一九九八年）。

なぜ、量刑が重くなっていったのであろうか。一つ考えられることは、この犯罪が一向に減少することなく、全国でなかば公然と行われていたからに違いない。では、かどわかしはもちろんのこと、なぜ違法な人商い業者はいなくならなかったのか。

彼らは鎌倉をはじめ諸国の市などに赴き、廉価で仕入れた人を遠隔地に連れて行き、高値で転売することによって大きな利益を手に入れていた。それは、全国各地に身売りをせざるをえない人びとがいたという供給の側面のみならず、同じく全国各地に金で人を買おうとする者たちがいたという需要の側面をも物語っている。いわゆる名田《みようでん》地主的大規模経営を行う百姓層をはじめとして、家内奴隷の労働力を必要とする在地領主層が広範に存在していたということである。であるから、かどわかされる対象は必ずしも女子ばかりとは限らない。むしろ、需要は男子にあった。そして、そうした労働力を求める需要は、地方ほど高かった可能性がある。日常的に下人・所従の供給が潤沢でない地方ほど、こうした人商い業者に頼らなければならなかったはずである。

重要なことは、下人・所従や質流れした人の売買が許されており、問題なかったということである。さらにいえば、売るべき正当な理由があり、しかるべき手続きを踏み、人商い業者の手を経ない人身の売買は容認されていた。であるから、下人・所従の売買・相続を記録する証文や、妻子を売った売買契約書が残っているのである。

時の権力者たちは人身売買を禁止したが、人身売買の横行によって、なし崩し的に人身売買が黙認され続けたのではない。つまり、容認され、需要・供給の両側面で国家・社会から必要とされた人身の売買がある一方で、禁止され、逮捕・処罰される「人売り買い」とが同じ中世社会のなかで併存していたのである。

作品に見える身売り

中世社会に生きた人びとの意識のなかで身売りはどのようにとらえられていたのであろうか。文学作品や芸術作品のなかに出てくる身売りを事例に、当時の人びとの身売りのイメージを抽出してみよう。

孝養の身売り

最初に取り上げるのは、無住一円（一二二六～一三一二）の作『沙石集《しゃせきしゅう》』から、「身を売りて母を養いたる事」（巻九の九）という話である。無住は鎌倉や奈良・京都で禅宗（臨済宗）や真言密教を修行した禅僧で、晩年は尾張国木賀崎（愛知県名古屋市）の長母寺の住持となり、弘安六年（一二八三）、一〇巻からなる『沙石集』を完成させた。具体的な事例とフィクションをミックスした仏教説話の一つとして、この話が載せられている。

時は文永年間（一二六四～七五）、全国的な飢饉で、とくに美濃《みの》国・尾張国での被害が大きく、餓死する者や他国へ逃げ延びる人が後を絶たなかった。美濃国に貧しい母子家庭があった。二人には親戚や頼るべき身寄りもなく、この飢餓状況を乗り切れそうにもなかった。年若い息子は何もせぬまま飢え死にするのを口惜しみ、みずから身売りして母だけでも助けようと、そのことを母に打ち明けた。もとよりたった一人の息子、いくら「孝養の志し」からとはいえ、母親は生き別れとなることを悲しみ、息子の身売りを拒んだ。しかし、決心の固かった息子は「代わり（身の代《しろ》）」を母に手渡し、制する母親の手を振りほどき泣く泣く「吾妻《あずま》（東国）」へ下っていった。

彼を買った人商い人は同じく美濃国で多くの飢餓民を買い取り、数珠《じゅず》つなぎにして東海道を東に向かった。三河国の矢作《やはぎ》宿で、無住の知り合いがその一行を見かける。人商い人の召し連れた者たちのなかに、人目もはばからず声を立てて泣く若者がいた。それが彼である。泣いている理由を問われて、彼は語りだした。「私は美濃国の者で、母を助けるために身売りして、今、どこへ連れて行かれるかもわからぬまま、吾妻へ向かって歩かされています。たった一人の家族である母親と別離した悲しみに堪えきれず悶《もだ》えているのです。生きていさえすれば、またいつか母とめぐり逢えるかもしれないと自分にいい聞かせたのですが、……。吾妻の山の奥、野の果てを流離《さすら》い、どこで夕べの煙となるか、朝《あした》の露と消えるか、二度と母と逢えそうにないとわかって、……」。号泣しつつ語る若者の話を立ち止まって聞き入っていた旅人も、宿の者も、だれもがもらい泣きせずにはいられなかった。

無住が知り合いから聞いたとしてこの説話を取り上げたのは、身売りの無常や若者への憐れみもあるが、おそらく身を売って生活の糧もない母親を助けた親孝行を一番に誉《ほ》めているのである。この話には、孝養の身売りを「あり」とすることで、子どもを売らざるを得なかった母親の葛藤や無念を救済しようとする心性が働いている。「孝」意識が身売りに正当性を持たせ、生きるために自分を売るという行為を社会が納得するための装置としていたともいえる。

東国・「奥」の人商い人

能（猿楽）という芸術は舞と謡《うたい》と囃子《はやし》の三要素からなり、謡の部分は謡曲《ようきょく》と呼ばれ、各作品の内容を今に伝えてくれる。謡曲は能の脚本・シナリオにあたる。シテ（主役）・ワキ（相手）・ツレ（シテ・ワキの連れ）など登場人物たちの台詞《せりふ》と地謡《うたい》（コーラス）部分が書き記されており、独特の台詞まわしが味わえる。

なかでも物狂い能というジャンルの能には、売られていった子どもを探し尋ね歩く母親の姿が多数見受けられる。作中、別離の悲しさから取り憑《つ》かれたように尋ね歩く姿は舞の見せ所として演出される。ストーリー上、再会できたり、時すでに遅しであったりするのであるが、決まって売られていく先は東国・「奥（奥州）」である。能の大成者世阿弥《ぜあみ》の作「桜川」にも、「東国方の人商人」が登場し、都からさらに九州は筑紫《ちくし》・日向《ひゅうが》まで下って人を買い取る姿が描かれている（『解注謡曲全集』4）。

世阿弥の息子十郎元雅《もとまさ》の作とされる謡曲「角田川《すみだがわ》」も、物狂い能を主題とする作品である

（『解注謡曲全集』３）。物狂いしながら隅田川のほとりまでやってきたシテの女性が、柳の木を前に執り行われていた大念仏に遭遇する。これは追善のための法要で、隅田川の渡し守のワキがワキヅレに、その法要の由来を回顧するかたちでストーリーは展開する。

一年前の三月一五日、都から戻る人商い人の連れていた、年の頃なら一二、三歳ほどの少年が慣れない長旅の疲れか一歩も歩けなくなって、とうとう隅田川のほとりで倒れてしまいました。もう手のほどこしようもないと判断したのか、非情にも人商い人はその少年をそこに捨て置いて、「奥」を目指して行ってしまったのです。それを見ていた所の者たちがいろいろ手を尽くして少年を看病しましたが、衰弱した症状は回復せず、とうとう末期《まつご》を迎えることになりました。

末期に及んでその少年が弱々しく自分のことを語りはじめました。私は京の北白川に住む「吉田の何某《なにがし》」の一人息子梅若丸と申します。父上が亡くなったあと母上と二人で暮らしておりましたが、「人商人に勾引《かどわか》され」て、ここまで連れられて下って参りました。もう長くはないでしょう。死んだら、どうか私の亡骸《なきがら》を「路次《ろじ》の土中」に埋めてください。なぜ「路次」になんか埋めてほしいのだと問われると、「都の人の足手影までもなつかしう候《そうろう》」と、そのわけを語りました。たった一つ、生き別れになった母上のことが名残惜しくてたまりません。つぶやくように念仏を四、五遍唱えると少年はこと切れてしまいました。看取った者たちは、その子の遺言どおりに路次の土中に埋めて柳の木を植えました。そう、それがちょうど一年前のこと、その少年の菩提供

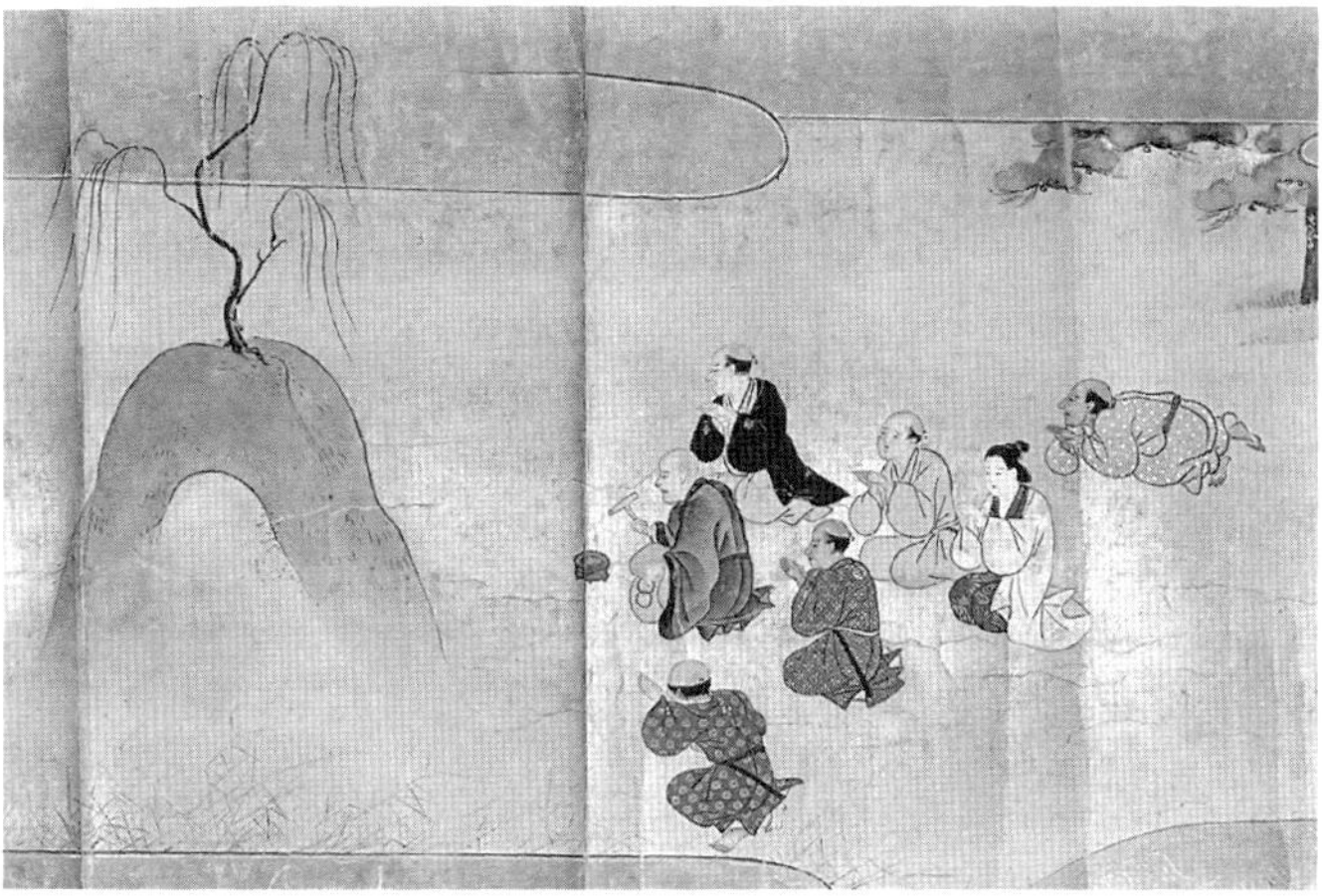

図１　梅若塚の前での念仏供養（『梅若権現御縁起』木母寺蔵）

養のため皆で念仏を合唱しているのです。

もちろん、女性は少年梅若丸の母親（花御せ）。一日違えば通り過ぎていた隅田川のほとりで、命日の法要が少年の最期を母親に教えてくれることになった。一部始終を聞いた母親が念仏を唱えると、少年は亡霊となって現れ、二人は再会を果たすことになる。

東京都墨田区木母寺《もくぼ》には梅若塚が残されており、現在でも四月一五日（新暦）に梅若忌が営まれている。また、関東各地で旧暦三月一五日に催されてきた梅若ゴト・梅若サマの供養は、同様に「角田川」に登場した梅若丸の命日にちなんだ行事といわれている。

こうして見てくると、一三～一四世紀の人商い人をモチーフとする作品には共通した特徴がみてとれる。まず、①人商い人は買い取った人を東国・「奥」地方へ陸路で連れて行く。これは、需要先が東国・「奥」地方にあったことを推測させる。②人の調達（供給）場所は京の都が中心で、場合によってはさらに西国まで足をのばすことがあった。飢饉の時に飢餓民が京を目指して集まってくるといった側面を考慮する必要があろう。そして、③基本的に買い取る対象は子どもか若者で、男女を問わない。お金で子ども・下人等の単純労働力を手に入れようとする社会が東国・「奥」にあったことを物語っている。④かどわかされて人商い人の手にわたるケースが多く、身売りする側に孝養という身売り目的のある場合もあった。

人買い船の登場

さて、一五世紀に入ってからの作品には人商い人の新しいイメージが登場してくる。その典型が謡曲「婆相天《ばそうてん》」であろう（『国民文庫』謡曲全集下巻）。場所は越後国の直江津《なおえつ》（新潟県上越市）の湊《みなと》。日本海舟運の発達とともに、その中継地として栄えていた。東からやってきた船頭も西からやってきた船頭も、ともに目的は直江津の問屋《といや》左衛《さえ》門尉《もんのじょう》のところで人を手に入れることであった。かつて左衛門尉は、物資のみならず、彼ら人買い船の求めに応じて人を提供していたのであるが、当今事情は少し変わってきていた。「上《かみ》より御成敗《ごせいばい》正しきにより、惣《そう》じて人の商いはならず候」という。つまり、「人の商い」が取り締まりの対象とされ、現実に直江津にも捜査の手が伸びてきているので無理はできないと、左衛門尉はやんわりと二人の人買い船の船頭に断りを入れた。

そうした事情は先刻承知の旧知の船頭たち。左衛門尉が「門出祝《かどで》い」として売ってくれれば、このあとの人商いもうまくいくに違いないので、どうか「隠密」に一人ずつ都合してくれないかとねじ込むのであった。どうしてもと懇願された左衛門尉は断り切れずに、ついには召し使っている者をそれぞれに「隠密」に売ることにする。東国船には一七、八歳の娘を、西国船には一一、二歳の男の子を。この二人は姉弟で、母親と親子三人を左衛門尉が高値で買い取って下人として召し使っていたのであった。その三人を買い取った行為自体は問題とされていない。しかし、その買い取った人を転売する行為は、お上の禁止する「人商い」に相当した。それでも左衛門尉は、姉弟が戻ったら「売券」を手紙に仕立てて持たせて船に遣わすからと請け負うのであった。

康応三年の売券

売られたことなど知らない姉弟。それぞれ東国船・西国船へ使いのつもりで手紙を持参した。左衛門尉にだまされたのである。

お前は売られたのだ、さあ早く船に乗りなさいといわれ、いやそんな話は聞いてないと抵抗する娘に、東国船の船頭は持参したその手紙（売券）の内容を読んで聞かせた。

何々《なになに》売り渡す人の事

一人ていれば、字《あざな》しせんくほう女《によ》。

右、この女は、買得相伝《ばいとくそうでん》たりといえども、要用の子細あるにより、東国船の船頭に売り渡すところ実正《じつしょう》なり。向後の証文のため売券の状、件《くだん》の如し。

康応三年八月日　　　越後の国直江の津　問《とい》の左衛門これすけ　判

左衛門尉（「これすけ」）のサイン（「判」＝花押《かおう》）を確認して、娘（「しせんくほう女」）は観念したのであった。

そんなこととは露をも知らぬ母親。使いに出された姉弟の帰りが遅いので、どこまで使いに出したのかと左衛門尉に問い質《ただ》した。なぜ二人が戻って来ないのか、左衛門尉はそのわけを教えた。お前たち親子を高値で買い取って働かせておいたが、母親のお前は働きもせず（「奉公をば無沙《ぶさ》汰《た》」）、明けても暮れても「峰の観音」に、「谷《やつ》の観音」にと寺参りばかりしている。このまま無駄飯食いを召し抱えていても「無益《むやく》」なので、姉弟をそれぞれ東国・西国の人買い船に売り渡したのさ。もう戻っては来ないし、二度と「この世の対面は叶うまじき」。母親は、思い余って投身自殺してしまうのであった。

売券の合法性

この「婆相天」の話のなかに出てくる売券には「康応三年」とある。この「康応」という年号は南北朝期に北朝の使用した年号として実在する。ただし康応二年（一三九〇）までで、同年三月に改元して明徳元年となるので、康応三年は存在しない。作品に現実味を出すための細工であろうが、作品の時代設定を教えてくれる。

室町期となって、幕府や守護大名たちは「人商い」を取り締まっており、その影響が越後国直江津地方にも及んでいた。それでも、そうした取り締まりの目をかいくぐって「人商い」がまだまだ横行していた、という社会状況を背景に読み取ることができる。本人の同意も取らずに、買い取った人を人買い船に転売する行為は違法行為であり、であるからこそ「隠密」に行う必要があった。その一方で、借金や債務の形として人を買い取り下人として召し使うことはまったく問題とされていない。やはり、取り締まられる「人商い」と取り締まりの対象ではない人身の売買のあったことが判明する。

そして、そのような違法行為にも売買契約書である売券が作成されている。その売券には、「向後の証文のため」という担保文言が組み込まれている。すなわち売券は、事後に何か問題が生じたときに、この売買が正当な契約として成立したことを証明する書類と認識されている。売券という売買契約書には契約を社会的・法的に有効なものとする機能が備わっていた。そのため、たとえ本人の同意を得ない、だまされた売買であっても、あるいは実際のところは人の転売に相当する違法な行為であっても、売買契約に合法性を付与し、契約の有効性を証明する書類として通用することになる。

「さんせう太夫」の世界

このように、一五世紀に入ると人商い人には、日本海を船で遠くからやって来て音信不通となるような遠隔地へ連れて行って売るという、新しい人買い船のイメージが加わることになった。じつは、そのイメージの延長線上に「さんせう太夫《だゆう》」が存在する。

図２　安寿と厨子王，母との別れ（説経節『山椒大夫』）

『山椒《さんしょう》大夫』は、大正四年（一九一五）に森鷗外の発表した小説として知られ、そのあと、童話「安寿《あんじゅ》と厨子王《ずしおう》丸」によって広く国民に知られるようになった。その原作は中世末に流行った説経節《せっきょうぶし》の一つ「さんせう太夫」で、五説経にあげられるほど広く流布した作品である。印刷され刊行もされたが、現存する最古の「さんせう太夫」は江戸初期、寛永末年（一六四〇年代）の作とされる（岩崎武夫『続さんせう太夫考』平凡社、一九七八年）。江戸時代に入ると、説経節は説経浄瑠璃《じょうるり》（人形浄瑠璃）として流行する。その全盛期は一七世紀。「さんせう太夫」も門付《かどづ》け芸人らによって民間に広まった代表的な語り物文芸作品の一つである。

時代設定は永保二年（一〇八二）と平安末期であるが、作品に見られる人商い人のモチーフからいうと、見てきたように「さんせう太夫」は、一五世紀以降に顕著となる日本海沿岸を舞台とした人買い船の世界のうちにある。「さんせう太夫」中、山岡太夫が「七つの年より、人買い船の相櫓《あいろ》を押し、人を売りての名人なり。人勾引《かどい》の上手なり」(『新日本古典文学大系』)とキャラクター設定されているところをみれば、それは一目瞭然である。

またストーリー中、越後国直江津で人買い商人山岡太夫にだまされて、丹後国由良《ゆら》湊の長者山椒大夫に売られてしまった安寿(一六歳)と厨子王丸(一三歳)の姉弟は譜代《ふだい》下人として辛酸をなめることになる。毎日、姉は潮汲み、弟は芝刈りに出され、休む暇さえ与えられなかった。幼い二人は塩焼き(塩生産)のための過酷な労働に涙した。

このように、七歳から一五歳までの子どもの労働は中世社会で必要不可欠なものであった。男子は牛馬の世話、牛馬を使った運搬作業、鎌を使った芝刈り・草刈り、女子は菜摘み・桑の葉摘み、井戸の水汲み、子守など。であるからこそ、もっぱら子どもが売買され、「子取り(人商人)」が存在したという(斉藤研一『子どもの中世史』吉川弘文館、二〇〇三年)。「さんせう太夫」の世界に描かれている子どもの売買は、下人同様に、子どもの無償労働が中世社会にとって必要なものと見なされていたことを教えてくれる。

ものとして扱われた人びと

「一〇か年期」と「子分け」

寛喜の大飢饉の余波がまだ続く貞永元年（一二三二）、執権北条泰時は武家社会のルールを法令集としてまとめた。この御成敗式目（貞永式目）は幕府の基本法となり、追加法もふくめて、のちの室町・江戸各幕府法にも部分的に受け継がれることになる。その御家人たち武士の道理や慣習にもとづく五一か条からなる規範のなかには、武家だけでなく、百姓や奴婢（家内奴隷）の身分についても規定してある。その第四一条を見てみよう。

一、奴婢・雑人《ぞうにん》の事、

右、大将家の例に任せて、その沙汰《さた》なく十か年を過ぐるは、理非を論ぜず、改めて沙汰に及ばず。次に奴婢所生《しょしょう》の男女の事、法意の如《ごと》くんば子細ありといえども、同じく御時の例に任せて、男は父に付け、女は母に付くべきなり。

ここでいう奴婢は、当時すでに下人・所従・下部《しもべ》などと多様な呼び方をされていた奴隷身分のことで、律令時代からの例にならって奴婢と法令上表現されている。また、雑人は公私の債務などが原因で奴婢身分以外から奴婢身分に転落した人たちだといわれている（磯貝『日本中世奴隷制論』）。つまり、百姓などかつて良民とされた身分の者が年貢を払うため、あるいは食うために借金し、その形《かた》（担保）として債権者のもとに預けられた人質のことを法律上、雑人と呼んでいる。

第四一条の内容は、前半の奴婢の取得時効（「一〇か年期」規定）と、後半の奴婢の「子分け」規定とからなっており、雑人はともに奴婢と同じ扱いとなるとされた。

まず、「一〇か年期」取得時効であるが、これは、たとえ逃げてきた奴婢であっても、手続きをしたうえでその奴婢を一〇年以上召し使ってきたならば、さらにその間に第三者より奴婢の所有権について異議・違乱が申し立てられなかったならば、奴婢の所有と隷属関係が正当化され、それ以降における異議申し立ての訴訟を不受理とするものである。御家人の知行地に関する「二〇か年期当知行《とうちぎょう》」規定（第八条）と同様に、一定期間なにごともなく経過した現実の所有関係を優先し、所有物・所有地に関する御家人の取得時効を保証する考え方がその底流にある。

後半の「子分け」規定とは、奴と婢の間に生まれた子どもの所有権に関する定書《さだめがき》である。奴も婢も同じ主人ならば何の問題もないが、もしそれぞれの主人が異なる場合、子どもが男の子ならば奴（男）の主人の所有となり、女の子ならば婢（女）の主人の所有に帰するとした。つまり、奴婢の子どもに関する親権はそもそも存在せず、主人による所有権のみが確認されたのである。

こうした規定の背景に、寛喜の大飢饉下において不当・不法に売買・質入れされた人たちと、その子どもの所有をめぐって多くの相論が起きていたという社会実態を読み取ることも可能である。

このように、実社会における下人・所従や人質たちの奴隷身分としての本質は、主人の所有物（財産）であることにあるとされた。第三者に従属し、支配されるのが当たり前の人びとで、彼らの基本的な人格・人権はまったく無視されている。主人には財産（動産）である彼ら、および彼らの子どもの譲渡・売買・相続の自由が認められた。

召使い女を譲る

実際に残っている中世の証文類から、彼らが譲られ、売られていく姿を見てみよう。まず最初に取り上げるのは、寛元元年（一二四三）、浄土真宗の開祖として知られる親鸞《しんらん》が保証した召使い女の譲り状である（『続真宗大系』第一五巻）。

譲り渡すいや女《おんな》事

身の代わりを取らせて、照阿弥陀仏《しょうあみだぶつ》が召し使う女なり。しかるを、照阿弥陀仏東《ひがし》の女房に譲り渡すものなり。妨げをなすべき人なし、ゆめゆめ煩《わずら》いあるべからず。後《のち》のために譲り文《ふみ》をたてまつるなり。あなかしこ、あなかしこ。

寛元元年癸卯十二月二十一日　（親鸞花押）

「いや」という女性は、以前に親鸞が照阿弥陀仏に預けた召使い女であった。その際、親鸞は「身の代わり」を受け取っているので、「いや」は金銭で売り払った下人（下女）であった。また、この譲り状の端裏《はしうら》に「いや女を尼御前《あまごぜん》より譲られ給《たま》う文なり」とあるので、この時、照阿弥陀仏（「尼御前」）から「東の女房」へ「いや」を譲り渡すことになったことがわかる（赤松俊秀『親鸞』吉川弘文館、一九六一年）。「いや」は不法な手段で手に入れた下女ではないことを「後のため」に親鸞が保証したのである。

「いや」の所有権が「東の女房」に移ったことに関して、違乱を担保する文言（「妨げをなすべき人なし、ゆめゆめ煩いあるべからず」）が書き込まれており、この譲渡契約書に合法性を付与している。違乱担保文言とは、当該契約に関して第三者による横合いよりの意義申し立てを一切認めないと、契約書を持っている者（「東の女房」）に保証する文言である。ちなみに「東の女房」は、親鸞と妻恵信尼《えしんに》（「尼御前」）との間に生まれた末娘の覚信尼《かくしんに》ではないかと推定されている。

財産としての下人

つぎに、所有する財産の売却に際して、その財産の一つとして下人が書き上げられている事例を紹介しよう。

宝徳三年（一四五一）、紀伊《きい》国伊都《いと》郡隅田《すだ》荘の境原（和歌山県橋本市）に住む与二郎忠秀とその弟五郎忠次は、どうしても至急にまとまった金（「直銭《じきせん》三貫五百文《もん》」）が必要だとして、財産すべてを隅田荘の「葛原殿」に売り払うことにした。葛原氏は境原氏と一族であり、守護畠山氏の地頭でもあったといわれている。兄弟が売り渡した財産は、隅田北荘の小峰《おみね》に所有していた山林・田畑と、「下人十郎三郎」であった。これらは代々相続して所有（「知行」）してきた財産に間違いなく、そのことを証明する先祖「明観《みょうかん》」の譲り状も持っており、それも「葛原殿」に渡されたとある（高野山文書）。

このように、不動産の山林・田畑はもちろんのこと、動産の下人も相続・売買される財産であった。こうした売買契約では、目に見える相手に直接売買されるのが基本であった。すなわち、知古の相手や同じ生活圏内での売買であることが多い。

子どもを売る

観応三年（一三五二）一〇月二二日、常陸《ひたち》国行方《なめかた》郡豊田郷（茨城県潮来《いたこ》市付近）に住む浜野太夫二郎「もりまさ」は、要用あって子息「つちほう童《わらべ》」を二貫文で永代に売り渡した（香取文書）。売り渡した相手は明記されていないが、下総《しもうさ》国の一宮《いちのみや》である香取社（千葉県香取市）の社家（案主《あんじゅ》家）と推定されており、そのため売券の写しが香取文書として残ることになったという（鈴木哲雄『中世日本の開発と百姓』岩田書院、二〇〇一年）。この事例も、利根川下流域から霞ヶ浦・北浦にかけての内海地域という同じ生活圏内における売買契約であったことになる。

この事例のように、親は時として子どもを下人同様に質入れしたり売り払うことができた。それはまた、主人による下人の売却と親による子どもの売却とが目的・方法ともにほとんど同じであったことを意味している。

人質契約

さて、「つちほう童」の売券には、違乱担保文言のほかに少し変わった契約内容が書き加えられている。

まず、①「永代を限って売り渡す」とあるので売り切り契約には相違ないが、「もし身を請《う》け申し候らわば、六貫文の用途（金銭）もって請け致すべく候」とある。将来、子どもの身の代として受け取った金額の三倍、六貫文を支払えば、いつでも子どもを身請けできると約束している。これは無年期有り合わせ質入れといわれる人質契約である。

本来、質契約は返済期限が設定され、期日までに元利が返済されなかった場合には、担保物（質に入れた不動産や動産）が質流れして、その所有権は金銭等を貸した債権者の所有になるのが一般的である。しかし、返済期限を設定しないことで、永久に質流れを保留することができたのである。担保物（人質）を債権者に渡す入れ質契約では、契約と同時に担保物を所有するのと同等の利益・権利を債権者が持つことになるので、限りなく売り切り契約に近かった。その際の人質は主人に隷属する下人・所従とほとんど変わらず、鎌倉幕府は、その状態を法令上「雑人」と呼び慣わしていた。

そして、②「大寝《おおね》・てんこうは九十日、さたは冥々《みょうみょう》の間、請《う》け申すものなり」という瑕疵《かし》担保文言も書き加えられている。当時、先天性の疾病であるかどうかも不明であった「大寝」「てんこう（癲癇《てんかん》）」などを発病した場合には、責任をもって子どもを引き取り、債権者に迷惑をかけませんという約束である。このように何年経ってでもできれば請け戻したいとか、不治の病となったら手元に引き取り育てたいといったところに、子どもを売却せざるをえなかった事情はあるものの、親と子との間の縁《えにし》を垣間見ることができる。

もう一つ、③「かの仁《ひと》（「つちほう童」）逃げ失せ候《そうら》いて、いかなる権門勢家《けんもんせいか》の御領にまかり越えて候とも、この状を先として、召し捕られ候わん」というアジール拒否文言が見られる。中世に広く見られた不入《ふにゅう》権や無縁所《むえんじょ》を認めず、治外法権であった荘園領主や守護・地頭の屋敷、あるいは由緒ある寺社の境内に逃げ込んだとしても、この売券をもって捕らえ出すことができると保証している。徳政令が出されても契約の内容は反故《ほご》になりませんという徳政拒否文言とともに、売券等の契約書に書かれたこれら担保文言は、時として領主権力の法令・裁定をも飛び越えて法的な有効性を当該契約に保証することになる。

身請けの奨励

このような人身を担保とする金銭・米穀の貸借契約とともに、弁済不履行の際の質流れも幕府は容認していた。建長五年（一二五三）一〇月一日、鎌倉幕府が諸国郡郷・荘園の地頭代にあてて出した通告の第六条を見てみよう（追加法№二八七）。

一、土民の身代《みのしろ》を取り流す事

右、限りある所当・公事《くじ》を対捍《たいかん》するの時、その弁《わきまえ》を致さしめんがため、身代をとらしむるの条定法《じようほう》なり。しかして、あるいは少分の未進《みしん》により、あるいは吹毛《すいもう》の咎《とが》をもって、身代を取り流すの条、もっとも不便《ふびん》なり。たとい年月を歴《ふ》るといえども、その負物《ふもつ》を償い、彼《か》の身代を請け出《いだ》すの時は、これを返し与うべし。また、弁償に力無く、流れ質せしむべきの旨《むね》、その父・その主《あるじ》申さしむるの時は、身代の値の分限を相計《はか》らい、傍郷の地頭代に相談し、彼の直物《じきもの》を給与し、放文《はなちぶみ》を取るの後、進退せしむべきなり。

「土民（百姓）」が決められた租税を払えない（「対捍」）ときに人質を入れ、ほかから借金してでも弁済するのは「定法」、すなわち当然すべき義務である。しかしながら、租税の未納（「未進」）やわずかばかりの罪（「咎」）でもって人質を質流れとしてしまうこと（「身の代を取り流す」）は、まったくもって不憫なことだ。そうした「未進」を理由とする人質契約は、すぐに質流れにはせず、時間が経っても元利（「負物」）を弁済したならば人質（子・下人）を請け出して「父」「主」に返すようにしなさい。もし「父」「主」に弁済能力がないならば、荘郷の代官（「地頭代」）に債務の肩替わりをしてもらい、人質の解放を第一に考え、その後のことは「父」「主」と代官との間で話し合いなさいとある。

幕府は人質の質流れを憂慮しており、できるだけ人質となった百姓らの身請けを率先して行うよう現地の役人に命令している。しかし納税責任を負わされた代官は、「未進」の肩替わりを理由に百姓から人質を取り続け、根本的な解決には結びつかないのであった。

戦国の人売り買い

戦場での「人取り」

一六世紀に入ると日本は西も東も本格的な戦国の世に突入する。戦国大名同士、あるいは在地の国人を巻き込んだ紛争が各地で展開するなかから、争いは大名領国という国家の静謐《せいひつ》（平和）を勝ち取るための戦争へと進展していくことになる。現実の戦場では名のある武将のみならず、彼らの引き連れた雑兵《ぞうひょう》たち（足軽層）が戦闘を支えていた。

雑兵の「乱妨」「人取り」

この雑兵は、武士層が出陣に際してみずからの知行地より召し連れた地侍《じざむらい》・土豪たちもいれば、その代わりとして召し抱えられた武家奉公人たちもいた。戦国期に陣夫をどれほど帯同したのかは時期、大名によって差があるが、一六世紀中ごろまでの各兵力の兵粮《ひょうろう》は自弁が基本であり、戦場での調達が一般的であったといってよい。敵地では、刈り田など食料調達目的での農産物の掠奪や放火・強奪（「乱妨《らんぼう》」）がめずらしくなかった。食料調達のみならず、雑兵たちは生きるために戦場で人を掠奪し、拉致・連行した。そうした「人取り」は彼らの大事な稼ぎであったという（藤木久志『雑兵たちの戦場』朝日新聞社、一九九五年）。

たとえば、紀伊《きい》国との国境近く和泉《いずみ》国日根野《ひねの》荘（大阪府泉佐野市）も、和泉国の守護細川氏の被官《ひかん》（家来）らと紀伊国根来寺《ねごろじ》勢力との勢力争いの現場となっていた。日根野荘の本所でもあり、都を逃れ現地に下向（滞在）していた前《さき》の関白九条政基《くじょうまさもと》がその惨状を記録している（『政基公旅《たび》引付《ひきつけ》』）。根来寺配下の武士佐藤宗兵衛《そうべえ》が部下を従え入山田村に陣取り、文亀二年（一五〇二）九月一日、日根野荘内に出張してきた。宗兵衛勢は荘内の吉見・海生寺・新家《しんけ》・佐野で地下人《じげにん》（百姓ら）を「男女をいわず生け取り」にした。立て籠もっていた樫井《かしのい》館から逃げ遅れた多くの「妻子」らは、彼ら「足軽等」に召し捕らえられた。身の代金を一〇〇貫文《かんもん》出すから返してくれと懇望したにもかかわらず連行されたとある。

戦場では敵の軍勢ばかりではなく、このように抵抗する民衆も敵対する勢力として「人取り」の被害にあった。また、雑兵たちにしてみれば、生け捕りした敵方の捕虜・人質を身寄りの者に身請けさせることで、現地で現金を手にすることができた。

「人取り」と身請け

甲斐《かい》の武田軍とて同じである。天文《てんぶん》五年（一五三六）、後北条氏の領国である相模《さがみ》国青根郷（神奈川県相模原市）に出陣した際には、「足弱《あしよわ》を百人ばかり御取り候」とある（『勝山記（妙法寺記）』）。この場合の「足弱」は婦女子や老人など、青根郷に居残らざるをえなかった非戦闘員で、武田軍の捕虜となってしまった。

同一五年（一五四六）、武田信玄の軍勢が信濃国に侵攻し志賀（長野県佐久市）の要害を攻めた時も、「男女を生け取りになられ候て、ことごとく甲州へ引っ越し申し」たという。「二貫、三貫、五貫、十貫にても親類ある人は請け申し候」とあるので、信州から拉致・連行された者のなかには、金銭と引き替えに請け戻された者もいたことが判明する。

対上杉軍を目的に甲相《こうそう》同盟が結ばれていた永禄六年（一五六三）、後北条軍とともに北関東へ進出した武田軍が松井田・安中方面を攻め、小幡図書助《おばたずしょのすけ》軍を敗走させた時にも、逃げようとする小幡配下の者どもに武田軍勢が群がり「押し落とし」にかかった。この「乱妨」の主体は、武田軍のなかでも「悴者《かせもの》（若党）」「歩者《かちもの》（足軽）」「小者《こもの》（中間《ちゅうげん》）」といった雑兵たちで、捕まえた小幡勢から具足や衣類を剝ぎ取り、その日は一日、小幡の居城（群馬県甘楽《かんら》町）で「乱取り」の限りを尽くしている（『甲陽軍鑑』）。このように、武田軍は雑兵たちの「人取り」「乱取り」を黙認していた。武士と違い恩賞など期待できない雑兵たちにとっては、むしろ「人取り」「乱取り」は何よりの「手際（稼ぎ）」であった。

対する上杉軍とて同じである。永禄八年（一五六五）一一月、後北条軍の侵攻をくい止めるべく越後より越山した上杉景虎《かげとら》（謙信）はそのまま関東で年を越し、翌永禄九年正月から下野《しもつけ》へ進軍し、二月には当時後北条側についていた小田氏治《うじはる》の本拠常陸《ひたち》国小田城（茨城県つくば市）を攻め落とした。その際に、「景虎より御意《ぎょい》をもって、春中、人を売買の事、二十銭、三十銭ほど致し候」と、人身売買を目的とした市場の開設が許可されている（「別本和光院和漢合運」）。これは、上杉軍勢が小田城攻めで捕らえた捕虜・人質を買い取らせるための人市であった。雑兵たちにとって、「人取り」した多数の捕虜を進軍中常時連れ回すわけにはいかない。彼らにとって、捕虜は戦争奴隷として本国へ連れ帰るのが目的ではなく、早いこと金銭に引き換えたかったのである。そのため、小田城下へ人買い商人を呼び寄せ、彼らや捕虜の身内に買い取らせる必要があった。景虎は、上杉軍を下支えしている雑兵たちに身代金入手の機会をわざわざ設けたのである。

人市と転売

天正一四年（一五八六）ころより本格化する島津義久《よしひさ》軍の豊後《ぶんご》国（大分県）大友義統《よしむね》領への侵攻でも、島津軍は「乱取り」「人取り」に余念がなかった。そのことが、イエズス会準管区長付司祭であったフロイスの記録（『日本史』）に詳しく記されている。島津軍は通過する「南郡（豊後国）」の郷村で、放火・打ち毀《こわ》しのみならず、「じつにおびただしい数の人質、とりわけ婦人・少年・少女たちを拉致」した。大友軍の拠点である臼杵《うすき》城を攻めた際には、臼杵地方からだけで「婦女子をふくめて三千の捕虜」を拉致し、連行したと伝える。拉致された捕虜は、肥後（熊本県）や薩摩《さつま》（鹿児島県）まで連行され、「羊の群れのように市場を（廻り）歩かされ（たあげく）売られて」いった。肥後や薩摩では、島津軍の連行した捕虜を売買するための人市が立ったことがわかる。

さらに二年後の天正一六年、肥後地方は飢饉に見舞われた。自分たちの食い扶持《ぶち》すらこと欠く状況となって、島津軍から買い取り召し使っていた、もと豊後国の者を養うことができなくなった。すると召し抱えていた主人たちは、彼ら（もと捕虜）を「まるで家畜のように高来《たかく》（長崎県島原市）に連れて行って（そこで）売り渡した」。この年、三会《みえ》や島原には、こうした肥後からの「売り手」が四〇人以上も集まるあり様で、「豊後の婦人や男女の子どもたちを（貧困から）免れようと、二束三文で売却（転売）した」という。

こうした宣教師の記録は、キリスト布教を庇護する領主（大友氏など）の領地で起きた惨事をいくぶん強調して書く嫌いがある。それを差し引いてみても、戦場から戦闘員や非武装の女性・子どもが拉致・連行された状況を、第三者の目で事実として書き残している点は否定できない。また、飢饉を直接的要因として財産である譜代下人を売却するという行為も、じつは島津軍から買い取った戦争捕虜を家畜のように島原まで連れて行き、転売することでわずかながらの金銭を得ようとする行為なのであった。飢饉状況が肥後ほどではない島原の湊で、そうした人を売買する市が立ったのである。おそらくここで買い取られた人たちのなかには直接に、あるいは何人かの手を経て海外へ売られていった者もいたに違いない（藤木久志『飢餓と戦争の戦国を行く』朝日新聞社、二〇〇一年）。

もちろん、戦場となり敵勢に攻め込まれた際に民衆が無抵抗であったわけではない。さまざまな手段を用いて命や財産を守ったのである。

「人取り」から身を守る方法

まず、①敵勢への不服従を前提に徹底抗戦するため、領主・大名の城や、みずから築いた山小屋・砦に立て籠もった。当然、抵抗するためには百姓とて刀・鎗《やり》・弓・鉄砲といった武器を所持することになる。「尽地焼《じんち》き」といって、立て籠もる前に必要な食料・財産を持ち出し、残りの家財・居屋敷《いやしき》を敵勢の手に渡らないように焼き尽くすこともあった。

また、②「退転《たいてん》」「欠落《かけおち》」「逃散《ちょうさん》」といって、戦場となっていない地域の親類・身寄りを頼って、居住する郷村から逃げ出すことも頻繁に行われている。当時の人びとが住み慣れた自分の屋敷や田畑を捨てて逃亡するのは、何も戦争だけが理由ではない。中世では、領主や地頭・代官の年貢収奪が厳しくて百姓が逃げ出したり、召し使っている下人らが主人のもとから逃亡すること も「退転」「欠落」と呼ばれている。戦中に敵勢の「乱妨」「乱取り」で財産や命を奪われたり、「人取り」されるくらいならと戦場を離れ、安全を求めて他出することも非武装の抵抗手段として重要な選択肢であった。

禁制を買う

そして、安全や平和を金銭や兵粮《ひょうろう》で買い取るという方法があった（峰岸純夫『中世災害・戦乱の社会史』吉川弘文館、二〇〇一年）。

その一つが、③「かばいの制札《せいさつ》（禁制《きんぜい》）」である。戦場となった郷村の代表（年寄・名主《なぬし》・乙名《おとな》など）や寺社が、危険を冒して敵勢の指揮官に会いに行き、多額の制札銭・御判銭（謝礼金）を支払ったり、兵粮提出など役勤め・協力を約束することで禁制を発給してもらうのである。

天正一〇年（一五八二）二月、織田勢と機を一にして徳川家康は甲斐武田攻めを開始した。この時、かつて武田氏に属し江尻城主を任されていた穴山信君《のぶきみ》（梅雪）の支配するところであった駿河《するが》国安倍郡の建穂寺《たきょう》（静岡県静岡市清水区）は、寺地の安全獲得のために家康より禁制を発給してもらった（「建穂寺編年」）。

　　禁制　　建穂寺

一、当手軍勢・甲乙人《こうおつにん》等濫妨《らんぼう》・狼藉《ろうぜき》の事。

一、堂塔放火の事。

一、一切《いっさい》人取りの事。

右の条々《じょうじょう》、違犯《いぼん》の輩《ともがら》においては、堅く停止《ちょうじ》の上、厳科《げんか》に処すべきものなり。

　天正十年二月廿二日　御朱印（家康印「福徳」カ）

家康によって禁止された内容は三か条である。まず、徳川軍（「当手軍勢」）はもちろんのこと、だれ（「甲乙人」）であっても建穂寺に対して「濫妨・狼藉」をしてはならない。また、「堂塔放火」、さらに「人取り」を一切禁止するとある。この禁制を手に入れることで、建穂寺は徳川軍の味方となり安全を保障されたのである。当然、徳川軍は禁制を持たない敵地（郷村・寺社）では、「濫妨・狼藉」「放火」「人取り」、あるいは「苅り田」のし放題であったはずである。

この「かばいの制札」はけっして軍勢側が配ってまわったものではなく、あくまで郷村・寺社側からの要請・歎願に応じて発給された。戦国時代の幕引きとなった豊臣秀吉軍と後北条軍との戦いである小田原合戦では、秀吉朱印でもって発給された天正一八年四月の禁制が関東各地に多数残っている。秀吉軍がいっせいにばらまいたようにも見えるが、さにあらず。あらかじめ郷村・寺社の規模に応じて制札銭の額が定められており、制札銭を持参した場合にのみ禁制が与えられるルールとなっていた。

境目での「半手」

安全を買い取る方法にはもう一つ、④「半手《はんて》」という手段があった。「半手」とは、互いの軍勢に気づかれないように両方の勢力に所属することで、両勢力からの安全を確保する方法である。とくに、二つの戦国大名がいつもせめぎ合う領国の境目地域の人びとは、生活の場がことあるごとに戦場となるので、年貢や役負担をそれぞれの戦国大名に務めたり、両方に協力することで最低限の安全を手に入れた。大名権力側も、敵対しないのであれば、そうした中立行動を容認した。

たとえば、後北条氏と里見氏とが互いに船で乗り込み合った江戸湾（東京湾）沿岸の房総や三浦半島の浦・郷で、この「半手」が行われた。その頃、それぞれの水軍船は相手側から「海賊」と呼ばれていた（『北条五代記』）。

天正五年（一五七七）、……北条氏直《うじなお》と里見義頼《よしより》弓矢（合戦）の時節、相模・安房《あわ》両国の間に入海有りて、舟の渡海近し故《ゆえ》に敵も味方も兵船多く有りて、戦いやん事なし。夜になれば、ある時は小船一艘、二艘にて盗みに来たりて、浜辺の里を騒がし、ある時は五十艘、三十艘渡海し、女・童を生け捕り、即刻夜中に帰海す。島崎などの在所の者は私に和睦し、浦里を放火し、貢米を運送して、半手と号し、夜を心やすく居住す。故に生け取りの男女をば、これらの者敵方へ内通して買い返す。……

夜陰に乗じて「乱取り」「人取り」する水軍は、まさに「海賊」である。後北条氏の「海賊」に手を焼く島崎（千葉県南房総市）の住人は、里見軍に断らずに後北条水軍＝「海賊」と内通したうえで、自分たちの暮らす浦里に火を放ち、あまつさえ里見氏に収めるべき年貢米の掠奪（「運送」）に手を貸した。つまり、みずから放火することで里見領民として被害者を装う一方、後北条軍に年貢米の一部を供出することで「海賊」からの安全を確保したのである。こうした両属行為が「半手」と呼ばれており、他浦から「人取り」された「男女」を買い戻す際にも、内通している島崎浦の者たちが間に入ったとある。

ちなみに、この『北条五代記』に見られる「半手」の島崎浦は、これまで三浦半島にある浦、つまり里見の「海賊」に攻められる後北条領分の浦里と考えられてきた。「盗みに来たりて」という一見、受動的に見える表現によるものであろう。しかし、三浦半島（神奈川県）側には島崎の地名は存在しない。一方、房総半島の南端、もと白浜町（現南房総市）の野島崎に隣接して島崎という浦が見られるので、この「半手」の島崎浦は里見領の浦としか考えられない。事実、天正五年には後北条氏の船大将山本氏が水軍を率いて、たびたび江戸湾東岸から外房にかけて里見側の水軍拠点を攻撃したことが判明している。

「乱妨」「人取り」の輸出

高麗国あて秀吉禁制

小田原合戦の勝利によって豊臣秀吉は、およそ一〇〇年間続いた戦国の世に終止符を打ったのであるが、周知のごとく引き続いて秀吉は大陸進出を目指していく。この「唐入《からい》り」は、環シナ海地域を直接支配しようとする計画であったとされる（池享「天下統一と朝鮮侵略」『日本の時代史』一三、吉川弘文館、二〇〇三年）。

小田原在陣後、奥州の会津黒川城（福島県会津若松市）まで「動座」した秀吉は、伏見城に戻るやいなやさっそく「征明《みん》（中国）」のための日本軍の道案内を朝鮮国に打診した。日朝間の仲介役を命じられたのは対馬《つしま》の宗《そう》氏である。当然、明との冊封《さくほう》関係を続けていた朝鮮国にしてみれば、秀吉の野望に手を貸すわけはなく、翌年になって拒否してきた。しかし、それは一〇〇年間戦乱に明け暮れた日本軍の実力を正確に把握していなかった返答ともいえる。

文禄元年（一五九二）、秀吉は肥前名護屋《なごや》（佐賀県唐津市）に前線基地を設け、「唐入り」の前哨戦として総勢一三万からなる軍勢を朝鮮半島に送り込んだ。日本では文禄の役《えき》と呼ばれ、朝鮮側で「壬辰《じんしん》の倭乱《わらん》」と称される侵略戦争のはじまりである。援軍に駆け付けた明との間の講和交渉は決裂し、のち慶長の役（「丁酉《ていゆう》の倭乱」）へと展開していく。

さて、文禄の役で日本軍の渡海直後、秀吉が高麗国《こうらい》あてに禁制を発給している（毛利家文書など）。

禁制　　　　高麗国

一、軍勢、甲乙人等濫妨・狼藉の事。

一、放火の事。付けたり、人取りの事。

一、地下人《じげにん》ならびに百姓に対して、臨時の課役、その外《ほか》非分の儀《ぎ》申し懸《か》くる事。

右条々、堅くこれを停止せられおわんぬ。もし違犯の輩これあるにおいては、たちまち厳科に処せらるべきものなり。

天正二十年四月二十六日　　◯（秀吉朱印）

高麗国とは、当時日本側の朝鮮国の呼び名である。秀吉は日本軍（「軍勢」）に対して、朝鮮半島での「濫妨・狼藉」および「放火」「人取り」を禁じ、また住人たちに「臨時の課役」を賦課したり、「非分の儀」を申しかけないよう制禁している。この禁制は複数の大名家文書のなかに残っているので、必要に応じて出陣先で発給することを前提に、出陣した日本軍（大名たち）に一律に渡された禁制であったと考えられる。

ただし、すでに言及したように、これは「かばいの制札」である。日本軍の厳守すべき基本的な軍規でもなければ、懐柔策として日本軍が朝鮮半島でばらまいたものでもない。小田原合戦で秀吉軍が事前に用意していたように、この禁制は、日本軍に抵抗せず協力することを約束し、金品・兵粮等を提出した人びとへ発給されるはずのものであった。たしかに、戦乱に明け暮れ、戦場から身を守る方法を経験上いくつも知っていた日本においては、この「かばいの制札」は非武装の民衆が命・財産を守るための手段として有効であった。しかし、そうした戦場でのルールを知らない朝鮮の人びとにとっては無用のものである。何よりも、日本軍に降伏して日本軍の「味方の地」となることが、彼ら朝鮮の人びとの生き延びるための選択肢のなかに入っていたかどうか疑わしい。

日本軍の「人取り」

となれば、戦場での慣わしから朝鮮半島での日本軍の「乱妨」「人取り」は必然化せざるをえなかった。それはまさしく、「人取り」＝奴隷狩り習俗の輸出に相違なかった（藤木久志『戦国史をみる目』校倉書房、一九九五年）。

文禄元年四月二二日、常陸《ひたち》国からようやく肥前名護屋に到着した佐竹義宣《よしのぶ》の家臣、平塚滝俊が見聞きした侵略戦争はじつに生々しかった。小西行長《ゆきなが》軍をはじめとする第一陣が釜山《プサン》に上陸して、まだ一〇日も経っていなかったが、すでに「高麗のうち二、三城攻め落ち、男女生け取り日々参り候由《よし》、首を積みたる舟も参り候」という情報を入手している。彼は朝鮮人の首級を実際に見はしなかったが、捕まえられた「女男はいずれも見」たという（岩沢愿彦「肥前名護屋城図屏風について」『日本歴史』二六〇号、一九六〇年）。渡海した日本軍は秀吉への戦勝報告として、討ち取った朝鮮人兵の首級と「人取り」で手に入れた民間人の戦争捕虜をさっそく名護屋に送り届けていたのである。

実際に朝鮮半島へ渡った大河内《おおこうち》秀元の記録『朝鮮記』には、さらに詳細に「人取り」の様子が書き留められている。大河内は臼杵《うすき》城主太田一吉《かずよし》の家臣で、太田は小早川秀秋軍を監視する奉行（戦目付《いくさめつけ》）を勤めていた。文禄二年七月二八日、「下々《しもじも》、山谷に乱れ入り、男女僧俗生け捕らえあまた取り来た」り、さらに、八月一六日には「ここに五日逗留す。少知の士・下々等、ところどころ山間に分け入りて濫妨し、生け捕らえあまた連れ来たる」と見える。国内戦と同様に、日本軍のうちでも「濫妨」や「人取り」に明け暮れていたのは知行《ちぎよう》の少ない下級の武士や「下々（雑兵）」たちであった。次の戦闘まで暫時時間が空くと、民間人たちが逃げ込んだ山谷に分け入り、金品・食料を掠奪し、さらに捕虜として朝鮮人を拉致していた様子がよくわかる。

もちろん、彼ら雑兵クラスが進軍中捕虜を連れ歩いたり、帰国に際して国元に召し連れるようなことは少なかったであろうが、島津軍の従軍武士クラスが朝鮮人の捕虜を国元（薩摩）に送り届けた事例は判明している。主人である大名に従っての国内戦とは異なり、秀吉の命令による海外派兵である。渡海した大名やその配下で一師団を任されるような武将クラスには、手柄によって、帰国後に秀吉からの恩賞・褒賞が期待できたかもしれないが、それ以下の従軍武士・雑兵らにとってみれば、掠奪した金品や「人取り」で手に入れた捕虜のみが確実な稼ぎであった。日本に送りつけたり、召し連れ帰れば譜代下人として使役できたし、当然転売して金銭に換えることも可能であった。

なお、文禄の役後の講和交渉では、明（朝鮮）側の重要な要求項目の一つとして、日本軍の拉致・連行した朝鮮人・中国人の引き渡しがあげられていた。しかし、最終的に秀吉が講和交渉を拒否したため実現には至っていない。

人買い商人の同行

日本での国内戦とは勝手が違うので、雑兵たちが拉致した朝鮮人を自分たちで身請け交渉を行い、現地で身代金を手にするというのは極めて困難であったと想像できる。当然、侵略戦争中に人市が立ったという話も聞いたことがない。

しかし、日本人の人買い商人が日本軍に同行していた。臼杵城主太田一吉が慶長の役で出陣した際に従軍した僧慶念《きようねん》の『朝鮮日々記』に詳しく記されている（内藤雋輔『文禄・慶長役における被擄人の研究』東京大学出版会、一九七六年）。

慶長二年（一五九七）一一月一九日のことであった。

日本よりもよろずの商人《あきびと》も来たりしなかに、人商いせる者来たり。奥陣より後に付き歩き、男女・老若買い取りて、縄にて首をくくり集め、先へ追い立て、歩み候わねば後より杖にて追っ立て、打ち走らかすのあり様は、さながら阿坊羅刹《あほうらせつ》の罪人を責めけるもかくやと思いはべる。……身の業《わざ》はすける心によりぬれと、よろず商う人の集まり、「かくせい」や「てるま・たるみ」の若童《にやくわん》ども、くくり集めて引き立て渡たせる。かくの如くに買い集め、たとえば猿をくくりて歩くごとくに、牛馬をひかせ荷物持たせなどして、責むる躰《てい》は、見る目いたわしくてありつる事なり。

日本兵の死者を弔うことを職務とする従軍僧の目には、このように朝鮮半島での戦場はさながら仏画の地獄絵そのものに映っていた。日本軍は朝鮮人、それも民間人の「かくせい（女性）」や若年の「てるま（召使い）」「たるみ（男性）」を拉致しては、戦陣のうしろに帯同していた人買い商人に売り渡した。人商い人は買い集めた朝鮮人の首を数珠つなぎに縄でくくって、押っ立てながら猿のごとく引き連れて従軍していた。ときに人商い人は彼らに牛馬を牽かせたり、荷物を担がせたり、歩みを止めると容赦なく杖で打擲《ちようちやく》するなど、その仕打ちは残酷無比であった。

つまり、「人取り」された朝鮮の人びとは、ほとんど朝鮮で身請けされることなく、日本からついてきた人商い人に買い取られ、引き上げる日本軍の船に乗せられた。帰国するなどの船も乗船人数の半分は、日本兵や人買い商人の召し連れた朝鮮人たちであった。一説に、島津軍だけで三万七〇〇人余の朝鮮人捕虜を連行したという。もちろん両度の出兵で拉致・連行された総数を書き上げたものはないが、一〇万人は下らないだろうと推定されている（金文子「秀吉の朝鮮侵略と女性被虜」『戦の中の女たち』吉川弘文館、二〇〇四年）。両度の侵略戦争に出兵した日本軍の総人数が、それぞれ一三万人と一四万人と見積もられているので、一〇万人という連行された人数は尋常ではない数字である。やはり、従軍兵や雑兵たちにとってみると、「人取り」こそがこの侵略戦争の目的（稼ぎ）となっていたといわざるをえない。

被虜人のその後

日本兵に拉致・連行され、あるいは人商い人に買われて日本に連れてこられた朝鮮の人びと（被虜人《ひりょ》）は、その後どうなったのであろうか。おそらく、彼らの将来に待っていたのは、三つの行く末であった。

まず、①多くの被虜人たちは、日本人の主人に召し使われることで一生を終えたであろう。召し連れた日本兵の国元で、あるいは転売されて、譜代下人同様の召使いや農耕奴隷として使役されたと考えられる。女性のなかには日本人の妻や妾となった者もいたであろう。陶工に代表される職人や医者・通訳・画家など、熟練した技術や知識をもった者は各大名に重宝がられ、日本で日本人の配偶者や家族を得て定住することになった。また、②人買い商人の手を経て転売されて、日本国内はおろか、海外へ売られていったという生涯もあったはずである。後述するごとく、一六世紀末には世界を股に掛けた奴隷貿易の網の目のなかに日本は確実に属していた。日本以外の地で、やはり奴隷や召使い・妾として生涯を終える道筋である。③もう一つの行く末は、帰国して朝鮮で暮らすという結末である。連行されてきた人数に比べれば、その一割にも満たない人数であるが、帰国できた者たちのいたことが明らかにされている（米谷均「朝鮮侵略後における被虜人の本国送還について」『壬辰戦争』明石書店、二〇〇八年）。

その帰国方法には三つあった。まず、(a)召し使われている主人のもとから逃げ出し、船を自作したり、あるいは盗んで、自力でもって朝鮮に戻った者たちがいた。逃げ帰った者の人数は多くないが、慶長年間（一五九六～一六一五）を中心に最低二七二人以上いたとされる。この自力帰還者は英雄として扱われ、朝鮮国から褒賞されたり、その後の生活にさまざまな便宜がはかられたという。

一番多かった帰国方法は、(b)対馬藩（宗氏）の周旋によって帰国した人びとである。寛永年間（一六二四～四四）までの総数は四一五四人以上と数え上げられている。これは徳川氏の新政権のとった朝鮮との間の国交回復交渉と連動したものであるが、朝鮮との間の外交および貿易の独占を望んでいた宗氏が主体的に被虜人の送還を仲介したのであった。対朝鮮国との友好関係構築と江戸幕府の対朝鮮外交実務での実績づくりとを兼ねた対馬藩の事業であったといえる。

三つ目の方法は、(c)来日した朝鮮国使節の帰路に同行しての帰国である。朝鮮国との国交正常化にともない、朝鮮国からやって来た初期の使節は回答《かいとう》兼刷還使《さつかんし》と呼ばれている。その名の通り、徳川将軍への国書の持参と、被虜人の連れ戻しを目的としていた。この使節に付き従って、慶長一二年（一六〇七）・元和三年（一六一七）・寛永二年（一六二五）に帰国した被虜人が計一八八五人、それに続く寛永一四年・同二〇年の朝鮮通信使《つうしんし》に伴われて帰国した被虜人が一五人余あり、合計で一九〇〇人余が各使節とともに帰国している。徳川幕府もまた、諸大名らを通じて帰国を希望する被虜人を募った。しかし、こうして幕府の斡旋で帰国できた割合は全被虜人中のわずか二％ほどにしかすぎない。それでも被虜人の帰国を準備するという徳川政権の姿勢が、その後の日朝国交継続の出発点にあった点も見落としてはいけないであろう。とはいうものの、これら帰国した被虜人の人数の少なさからみれば、譜代下人同様に召し使っていた主人たちが情報を被虜人に伝えなかったり、あるいは被虜人の帰国要望を握りつぶした可能性もまた否定できない。

さらに、文禄・慶長の役から二〇年以上も経ってしまうと、日本で家族を持ち、その妻子を置いて帰国できないとか、幼年で連行されてきたため朝鮮の言葉や故郷について覚えていないなど、被虜人たち自身に帰国を断念せざるをえない理由が生じていたこともまた充分推測しうる。一方で、意を決し日本人主人の許しを得て帰国したところが親類・身寄りも見当たらず、母国での生活再開に充分な扶助がなかったならば、それはまた二次的な艱難《かんなん》を彼らに用意したにすぎないといえよう。戦後ずいぶん年月を経てから帰国した中国残留孤児やその子女の姿がダブって見えてくる。

戦国大名が禁止した「人の売り買い」

分国法に見える下人

分国法は戦国武家法とも呼ばれ、一五世紀末より戦国大名たちによって、その家臣団の統制や領国の統一的支配を目的に制定・編纂された。家臣や領民を公平に裁く基準となり、それはまた公儀としての大名権力をも規定した。まとまった分国法を持たない戦国大名でも後北条氏のように、先例となる基本法を「国法」と呼び慣わす場合も見られる。また、鎌倉幕府法の法理を踏襲している点で共通する部分も多い。

天文五年（一五三六）に定められた、一七九か条からなる伊達《だて》家の『塵芥集《じんかいしゅう》』から、下人《げにん》身分に関する規定を見てみよう。まず、下人は主人の所有物であるから、もし逃亡した場合は、見つけ次第にもとの主人に返還するようにとある（第四七条）。助けを求めて逃げ込んで来ても、他人の下人を匿《かくま》ってはならないとされた（第一四一条）。もし、逃亡下人を見つけた者がもとの主人に連絡しておきながら、送り返す前にふたたび下人に逃げられてしまったならば、「不運」であるが、送り返すと連絡した者が弁済しなければならない。弁済金は男の下人一人につき「三〇〇疋《ぴき》（三貫文）」、女であれば「五〇〇疋（五貫文）」とする（第四七条）。性別によって下人の弁済金が異なっている。統一権力によるセックスの商品化は時期的にまだ先のことなので、これは産む性に由来する格差であろう。女性の下人が産んだ子どもを主人が養助すれば、子どもは主人の新たな財産（下人）となった。下人を再生産できるという性差が金額の差になって現れている。

他国まで逃げた「下部《しもべ》（下人）」を伊達領内の者が買い取って戻って来た場合には、買い受けてきた者の所有権を認めるので、もとの主人が違乱を申し立ててはならない。ただし、もとの主人が自分の「譜代《ふだい》の者」であるので是非とも譲ってほしいと願い、買い取った「本代（金額）」を支払うとまでいうのであれば、その限りではない。なお、下人がもとの主人の名前を申し出ているのに、買い取り手がもとの主人に知らせずに別人に転売した場合は「盗人《ぬすつと》同罪」とする（第一四六条）。つまり、下人のもとの主人が判明する時には、主人へ確認する義務があったことになる。知らん顔して、買い取った値段より高い値段で他所《よそ》へ転売した場合は、他人の下人を盗んだ「盗人」と見なされ死刑に処された。

弘治二年（一五五六）制定という『結城《ゆうき》氏新法度《はつと》』第二条には、召し使っている「下人・下女」を売り放つ時には、「よくよく子細を披露」してから「印判」を取って売り放つようにとある。下人・下女の売買はもちろん許されており、必ず領主へ届け出て、売買証文を取り交わして売却するよう手続き方法が規定されている。

当然、下人と下女との間に産まれた子どもは主人の所有に帰したが、御成敗式目《ごせいばい》で定められた奴婢《ぬひ》の「子分け」規定は必ずしも踏襲されていない。天文二二年（一五五三）に今川義元が定めた『今川仮名《かな》目録追加』では、「幼少より扶助を加うる方へ落着すべき」とされている。性別によらず産まれた子どもを親である下人、あるいは下女とともに実質的に養助してきた主人にその所有権を認めるという定めであった。

そのほか、下人が逃げ出し、勝手に自分自身を「身売り（身曳《みび》き）」した場合、買い手は「盗人」と同罪とされた（『塵芥集』第六七条）。つまり、下人を売ることができるのは下人の主人だけで、下人自身が自分を売りますといってもそれは「由来（根拠）」がないのであり、買い手は逃げてきた下人を盗んだ（「逃げ盗み」）とみなされた。もちろん、「身売り」下人だとは知らず、何ら問題はないと「判者」が太鼓判を押したので買った場合は別である。その場合は当然買い手は無罪。「身売り」下人であることを隠し、嘘をついて売買を斡旋した「判者」と、その売買に場所を提供した「宿」がきびしく罰せられた。

妻子・牛馬を引く

子どもを担保に書き入れ借金をすることは、戦国時代においても日常的なことであった。たとえば、借金の質物《しちもつ》（書き入れ質）として子どもを書き入れておきながら未返済のまま債務者が死去した時には、担保である子どもは債権者の所有物、すなわち譜代下人となる原則であった。しかし、その時すでに子どもが他の者に召し使われていた場合、先行する債務（書き入れ質）契約が優先し、召し使っていた主人は先だつ債権者に子どもを渡さなくてはならない。いくら召し使っている主人が自分の所有権を主張しても、先行する債権が優先する決まりである。先だって担保に書き入れられた契約証文がほかにあるのに、いつまでも主人が自分の権利を主張し続けていると、主人はやはり「盗人」と見なされ処罰された（『塵芥集』第一一七条）。

永禄八年（一五六五）、後北条の領国であった南関東は「風損」、すなわち台風や暴風雨による農作物の被害が大きく、地域により翌永禄九年にかけて深刻な飢饉となった。一方、上杉謙信の関東侵攻（「越山」）が間断なくくり広げられていたため、対抗上、後北条氏も永禄八年は常陸《ひたち》国小田城、翌年も下総《しもふさ》国関宿《せきやど》城へと攻撃の手を休める暇がなかった。そのため、領国内への年貢・夫役の徴発も充分に憐愍あるものとはならなかった。永禄九年八月二三日、田名《たな》郷（神奈川県相模原市）に宛てた棟別《むなべつ》銭・段銭《たんせん》の納入催促も、本来精銭（良質の銭貨）で納入すべき分を米穀・漆・綿などでの代納を認めるとはいうものの、その合計額は例年と同じで、玉縄《たまなわ》城（神奈川県鎌倉市）への直納を厳命するものであった。一〇月晦日《みそか》までの納入期限を守れなかった場合、田名郷まで大勢の催促人数を送り込み、未進《みしん》の百姓からは「妻子・牛馬を引き取る」ぞと通告している（陶山春乃所蔵江成文書）。未納分が完納されるまで「妻子・牛馬」を人質に取るぞという高圧的な催促である。もし、それ以外のことで奉行人に「非分」があれば直接目安《めやす》状をもって訴え出るようにとあるように、「妻子」を人質に取ること自体は何ら「非分」と認識されていない。

ちなみに田名郷ではないが、伊豆西浦の重洲《おもす》（静岡県沼津市）からは欠け落ち百姓が相次ぎ、同年閏《うるう》八月、西伊豆代官に召し返しが命じられている（土屋二郎文書）。同じく木負《きしょう》郷（沼津市）の百姓らも「分国中乱後」に「棟別退転」するものが多く、年貢・諸役銭の減免を歎願している（相磯文書）。このように戦国大名権力が人質を取ってまで強行する年貢・諸役銭の強制に対抗して、百姓たちは郷村からの「退転」・「欠落《かけおち》」を生き延びる手だての一つとしたのである。

「人勾引」と「人商い」

人をかどわかして連れ去る行為や、人商いを禁止している分国法もみられる。たとえば、『塵芥集』第五六条では、「人勾引《ひとかどい》の事、請け返し候者の口にまかせ、その沙汰あるべし」とある。だまされて人手に渡った者はすぐに解放され、勾引犯の処罰は勾引された者の証言にもとづいて決めると定められている。『結城氏新法度』第四七条でも、人勾引については、だまされて連れ去られ、売られたという明白な証拠があったならば、勾引犯の言い分は一切聞かずに処罰するとある。

さらに『結城氏新法度』第二条では、「人商い」についても言及しており、人勾引同様に禁止されている。配下の「悴者《かせもの》」、すなわち結城氏の家臣に召し使われている若党《わかとう》ら奉公人が主体的に「人商い」に関与した場合、今後「人売りの沙汰」として「面目を失わせる」とある。部分的に読めないところのある箇条であるが、おそらく「悴者」だけでなくその主人も、日ごろ部下が奉公を怠り、副業の「人商い」に専念しているのを見過ごしてきたとして、ともに体面を損なうような処罰に処せられたのであろう。

実際に織田信長は、人勾引犯を厳罰に処している。天正七年（一五七九）九月二八日、京都下京場之町で町の木戸番（「門役」）を勤める者の女房が成敗された。「女の身」でありながら、以前から「あまた女をかどわかし」ては、和泉《いずみ》国の堺へ連れて行って売りさばいていたという。その噂を、「天下所司代」として京都の支配を任されていた村井貞勝が耳にし、召し捕らえて尋問した。すると、これまでに八〇人ほどの娘を言葉巧みにだましては売り渡したと白状したので、さっそく斬罪に処された（『信長公記』）。

北条氏邦の掟

北条氏政の弟で当時鉢形《はちがた》（埼玉県寄居町）城主であった北条氏邦《うじくに》が、天正一四年（一五八六）三月一五日、荒川郷（深谷市）の土豪（草分名主《くさわけなぬし》）持田四郎左衛《しろざえ》門《もん》・同源三郎にあてて出した掟書《おきてがき》（持田四郎左衛門家文書）には、とても興味深い規定が盛り込まれている。すなわち、この郷中掟三か条では質取り・博打の禁止と並んで、第二条には次のごとく「人売り買い」の禁止について書き上げてある。

一、人の売り買い一円致すまじく候。もし売買致すについては、その郷の触口《ふれくち》をもって、相《そう》違《い》無き所を申し上げ商売致すべきこと。

この箇条は、中・近世における領主権力が「人の売り買い」をどのようにとらえていたのか窺い知ることのできる重要な法令である。歴史のなかの身売りを考え直すきっかけとなった箇条といってもよい。かねてから、この箇条の内容をどのように解釈すべきか問題提起してきたが（下重清「「人売買」禁令をめぐる研究の前進のために」『歴史学研究』七〇七号、一九九八年）、人身売買を考える研究者たちには猫跨ぎ扱いされてきた。

さて、氏邦が禁止した「人の売り買い」をすべて（「一円」）の人身売買行為と解釈すると、この箇条の法文そのものが自家撞着を引き起こし、内容を正しく読みとれなくなる。仮に、「人の売り買い」を「殺人」に置き換えてみるとわかりやすい。「殺人は一切禁止する。もし殺人する時には、その郷の地役人である触口を通じて、問題ないことを申しあげて殺人するように」となる。やはり、鎌倉幕府法以来、禁止されてきた「人の売り買い」とは人身売買行為一般ではないのである。「一円」は「どこであっても」の意味であり、禁止された「人の売り買い」とは人勾引《かどい》、または人商いなのである。戦国大名の領国支配においても、「人売り買い」禁止令の伝統を読み取るべきであろう。そして、譜代下人や子どもを売買することは何ら問題はないのであって、飢饉から生き延びるためであるとか、年貢を完納するためなど、どうしても売買しなければならない正当な理由がある場合には、「人商い」業者には売らずに、触口を通じて城主に願い出て、了承を得たうえでしかるべく売買するように、と解釈せざるをえない。

氏邦の郷中掟は他の戦国大名の分国法と同様に、「人の売り買い」が取り締まり対象であることを明言しているとともに、ルールにのっとった譜代下人や子どもの売買が容認されていた点をわれわれに教えてくれている。

奴隷貿易を禁止できなかった秀吉

倭寇と被虜人

室町時代、朝鮮半島沿岸を中心に密貿易や海賊行為を行っていた船団が朝鮮・中国（明《みん》）側から倭寇《わこう》と呼ばれたことは、つとに知られている事実である。とくに南北朝期以降、日本国内の内乱状況の影響を受けて、対馬《つしま》などを拠点とする武装船団は中国の華北沿岸まで活動範囲を広げ、許可なく交易するだけでなく掠奪行為も行っていた。朝鮮半島や華北での掠奪物は米穀に限らず、人もその対象で、日本に拉致・連行されてきた人びとは奴隷として転売されることもあった（村井章介『中世倭人伝』岩波書店、一九九三年）。

室町四代将軍足利義持《よしもち》が朝鮮に派遣した使節に対する回礼使として、応永二七年（一四二〇）日本を訪れた朝鮮人宋希璟《ソンヒギョン》の『老松堂日本行録』に「唐人」という一節がある。

彼ら朝鮮人使節の乗った船が対馬に着くと、魚を売りつけるために「倭（日本人）」の操る小舟が近づいてきた。小舟のなかを宋希璟がのぞき込むと、空腹に耐えかねた一人の「僧（坊主頭の男）」がひざまずいて食べものを乞うてきた。とりあえず、わずかばかりの食べものを与えたところ、涙ながらに懇願しはじめた。

私は中国人です。「甲南台州（現浙江《せっこう》省臨海市）」で、もと「小旗《しょうき》（下級軍人）」をしておりました。一昨年、倭寇に拉致され、捕虜としてここに連れてこられ、「奴《やっこ》（奴隷）」の証しとして髪の毛を切られてしまいました。もうこの辛苦に耐えられません。どうかお役人さま、私をその船に乗せて一緒に連れていってください。行商舟の主《あるじ》も横から、こう付け加えた。米をくれるならば、この「僧」を売ってもいいぞ。お役人、どうだ買うか。

ふたたび男に尋ねてみた。お前は、この島（対馬）に住んでいるのか。今お前が住んでいるところの地名を教えてくれないか。男は力なく答えた。私がこの島に連れてこられ、何人かの手を経て、このご主人の手に渡ってからすでに二年経っております。ご覧のように、その後はずっとこの小舟に乗ったまま海に浮かんでおりましたので、ここがどこだか、地名など分かりゃしませんよ。

この一節は、当時、中国で倭寇に拉致された被虜人（捕虜）が対馬に連れてこられ、さらに奴隷として転売されていた事実を教えてくれる。こうした倭寇による拉致・連行行為は謡曲「唐《から》船《ふね》」のモチーフにもなっている。「唐船」では、明州（寧波《ニンポー》）で「日本の賊船」に連れ去られた祖慶官人を探して、一三年後、その子どもである二人の兄弟がはるばる博多の箱崎までやってくる。官人は牛馬の世話をする召使いとなって、すでに日本の地で二人の子どもをもうけていた。そして、官人の主人は官人の帰国を快く許してくれた。しかし、一緒に連れて行ってほしいとねだる日本での子どもを主人は官人に渡さなかった。

ちょっと待て。祖慶官人は長いことよく働いてくれたので特別に手放すが、この幼な子二人は別だ。ここで生まれた「相続の者」なのだから、それがしに召し使う権利がある。

被虜人である官人は日本人に売られた「相続の者」、すなわち譜代下人として召し使われていた。官人の子どもも主人が養助してきたのであるから、当然主人のものである。官人の思いのままにはならないのであった。

倭寇とポルトガル商人

天文二年（一五三三）、石見《いわみ》大森銀山で灰吹き法が導入され、産銀量が飛躍的に増加するやいなや、産地である佐摩《さま》村（島根県大田市）にちなみ「ソーマ銀」として東アジアへ流出しはじめた。ものの五年も経たないうちに、木綿など朝鮮から輸入する品物の支払いは銀が主流となった。それまで日本からの輸出品は銅や硫黄《いおう》、そして金などであったから、日朝交易の急激な様変わりである。

一方、明でも一五世紀後半より対モンゴル（韃靼《だったん》）戦争の必要から、それまで銅銭を主流とした経済から銀への依存度を強め、銀の需要が高まってきていた。朝鮮を介して流れ込む「ソーマ銀」も明の海禁政策によってしばらくは堰《せ》き止められていた。しかし、一五四〇年代になるとそれがかえって「高唐船」の朝鮮半島への進出を増やすことになった。つまり、明の海禁政策の枠から飛び出した江南沿海部の中国人海商たちは非合法な密貿易船団となって朝鮮半島沿岸に横行し、倭寇同様に掠奪行為をしだしたのである。

またたく間に、「ソーマ銀」を軸として日本人、中国人といった国境を問わない環シナ海海域を股にかけた交易ネットワーク（密貿易ルート）ができあがり、明の海禁政策というダムを突き崩しはじめた。その主役は後期倭寇とも称される、この国境を無視したマージナル・マンたちであった。倭寇の変質である。その親玉の一人王直《おうちょく》は明の官憲から追われる身となり、一五四八年には船団を率いて日本の五島《ごとう》（長崎県）に拠点を移し、平戸《ひらど》にも屋敷を構えた。そして、同地方の海商（海賊）たちと一緒になって明・日本・朝鮮間のみならず、南はシャム・マラッカまで足をのばし、大々的に密貿易を展開した。王直の大船団は一五五三年に中国沿岸部、一五五五年には朝鮮半島の沿岸を集中的に襲っている。

そのまた一方で、一五一一年にマラッカを手に入れていたポルトガルも、海禁政策をとる明との国交・通商交渉がはかどらず、非正規の東アジア交易に乗り出してくる。そこへ「ソーマ銀」の登場である。ポルトガル商人たちも、渡りに舟でこの環シナ海密貿易ネットワークに参入してきた。

一五四二年、ポルトガル商人らを乗せて舟山《チヨウシヤン》群島双嶼《リヤンポー》へ向かう中国人の密貿易船が遭難して種子島に漂着した。ご存じ、日本と西洋人・鉄砲との最初の接触であるが、この船に乗っていたのが王直である。彼はこれをきっかけに翌年も来航し、一五四五年には博多《はかた》へ足を運び、同地の商人を双嶼に連れて行った。そしてのち、先述したように倭寇船団の頭目にのし上がるのである（村井章介『海から見た戦国日本』ちくま新書、一九九七年）。

こうした環シナ海密貿易ネットワークの展開過程で明帝国の勘合貿易システムは空洞化していかざるをえない。また、倭寇やポルトガル船を媒介として、日本人の海外流出も目に付いてくる。たとえば、フランシスコ・ザビエルを日本に案内することになる薩摩出身のアンジローも鹿児島で人殺しをして追われる身となり、密貿易船に逃げ込み、マラッカまで来たところでザビエルと出会うのである（岸野久『ザビエルの同伴者アンジロー』吉川弘文館、二〇〇一年）。

ポルトガル人の奴隷貿易

ポルトガル商人が対日貿易をはじめるということは、すでにあった東アジアの奴隷貿易網に結節するということであり、それは地球規模での奴隷貿易に日本人も与《くみ》することになったということでもある。一五五五年一一月二三日付のパードレ・カルネイロの書簡を見てみよう（岡本良知『十六世紀日欧交通史の研究』改定増補版、六甲書房、一九四二年）。

当地方（マカオ）に来るポルトガル人は、みな真理を忘却する。それは一つには売買の欲のためであり、二つには女奴隷の故《ゆえ》にである。日本より戻ってきたポルトガル人らは、この女奴隷のために罪に陥るのである。……

ポルトガル人がたまたま種子島にやってきてから一三年後、すでに多数の日本人女性をポルトガル商人らが奴隷、おそらく妾として国外に連れ出していた状況を物語っている。

こうしたポルトガル商人の奴隷貿易とイエズス会のキリスト教布教とは根底のところで一蓮托生であったが、布教の障害となると認識する司祭たちもいた。彼らの要請にもとづき、一五七一年三月一二日、ポルトガル国王ドン・セバスチャンはポルトガル人による日本人取り引きを禁止した。世界各地に存在した奴隷身分の者を買い取って、必要とするところへ連れて行って売却し収益を得るという行為は、彼ら商人たちにとってみれば何のやましいところもない正当な商業行為であった。一方、「天下布武」を目指す織田信長から日本での布教を許可してもらったイエズス会にとってみれば、この日本人の国外への輸出は布教の妨げとなると考えていた。ところが、ポルトガル国王の勅令はまったく効果がなく、それどころか司祭のなかには、すすんで日本人の奴隷売買許可証を発行する者さえあったという（牧『日本法史における人身売買の研究』）。結果、日本人が奴隷として広く海外へ流出していくことを抑え止めることはできなかった。

一五八二年、キリシタン大名が宣教師バリニャーノの勧めに従いローマ法王やイスパニア国王のもとに派遣した少年使節たちは、行く旅先各地で日本人を目にすることになる（エドゥアド・

サンデ『日本使節羅馬《ローマ》教皇廷派遣及欧羅巴《ヨーロッパ》及前歴程見聞対話録』)。

千々石《ちぢわ》ミゲル　本邦人には欲と金銭への執着とが甚だしく、ために互いに身を売って日本の名に重き汚点を着せているのをポルトガル人やヨーロッパ人はみな不思議に思うのである。その上、われわれとしても我が旅行の先ざきで、売られて奴隷の境涯に落ちた日本人を親しく見た時には、道義を一切忘れて、血と言語とを同じうする内地人をさながら小家畜か駄獣かの様に、こんな安い値で手放すわが民族への激しい念に燃え立たざるをえなかった。

原マルティノ　まったくだ。実際わが民族中のあれほど多数の男女やら童男・童女が、世界中のあれほどさまざまな地域へ、あんなに安い値でさらって行って売りさばかれ、みじめな賤役につくのを見て、憐憫《れんびん》の情を催さない者があろうか。

世界に散らばる日本人奴隷を見つけた時の彼らの眼差しは、おそらく日本にいた時には意識すらしなかったものであろう。戦国の日本で当たり前であった「人取り」や人身の売り買いと奴隷貿易が、あるいは身の周りに存在した譜代下人と国外で見かけた日本人奴隷とが違って見えたのである。一歩国外に出た瞬間に、売買された人びとが民族を同じくする日本人の売買として憐愍の対象に変わってしまっている。国外に出たことで、それまでの日常生活における身分制のベールが取り払われたのである。そう、無意識というベールは渦中にある者には見えにくいのである。

天正一五年（一五八七）五月、島津氏征討を成し遂げた豊臣秀吉は佐々成政《さっさなりまさ》に肥後一国を宛行《あてが》い、各地に蔵入地を割り振るなど九州の国分けが済むと、来るべき「唐入り」の準備に取りかかりはじめた。その手はじめが博多の直轄であり、博多を大陸侵攻の際の兵站《へいたん》基地にしようと目論《もくろ》む。六月一四日、博多湾でポルトガル商人の操るフスタ船（武装快速船）に試乗し、確信した秀吉は矢継ぎ早に手を打った。まず、対馬の宗義調《そうよししげ》に朝鮮国への協力要請交渉を命じた。明までの道案内を命ずるので朝鮮国王を上洛させよという命令であるが、もちろん難題であり、当然のごとくこの交渉は決裂する。

バテレン宣告文にみえる「人の売り買い」

併行して秀吉は、博多で一日違いの二通のキリシタン禁令を出した。天正一五年六月一九日付の定書《さだめがき》五か条は、いわゆるバテレン追放令と呼ばれ、宣教師の国外追放を命じる内容で知られている。ところがその前日、秀吉は一八日付で一一か条からなるキリシタンに関する覚書《おぼえがき》を出しており、その覚書の第一〇・一一条に「人の売り買い」と「牛馬食」の禁止が盛り込まれていた（『御朱印師職古格』）。

一、大唐・南蛮・高麗へ日本仁《人》を売り遣《つか》わし候事曲事《くせごと》たるべし。付《つけたり》、日本においては人の売り買い停止《ちょうじ》の事。

一、牛馬を売買し、殺し食する事、是《これ》また曲事たるべき事。

これまで、この箇条を根拠として、この覚書は民族問題を契機に国内の人民支配を強化しようとした豊臣秀吉が最初に出した人身売買禁止令であるといわれてきたが（峯岸賢太郎「近世国家の人身売買禁令」『歴史学研究』六一七号、一九九一年）、それは見直されねばならない。

この一八日付の覚書と一九日付の定書とでは、日本人のキリスト教信仰に関する秀吉の認識が大きく異なっていたため、その内容の解釈をめぐって論争となってきた。わずか一日の間に、秀吉はキリスト教の信仰容認から宣教師の追放へと大きく転回したのはなぜか。

現在では、一八日の覚書は、一揆《いっき》結合的な高山右近《うこん》を中心とするキリシタン党とイエズス会代表コエリョとの両者あてに提示されたバテレン宣告文であることが明らかにされている（安野眞幸『バテレン追放令』日本エディタースクール出版部、一九八九年）。

つまり、九州征伐に出向いて秀吉自身があらためて気づいたことがあった。一つは、各地でキリシタンが神社仏閣を破却していたことである。キリスト教以外の宗教や政治権力を否定する言動は、一向一揆と同様に野放しにしておくことはできない。国内の社会秩序維持のためにも、キリシタン大名・武士たちを秀吉の統制下のもとに絶対に服従する軍事力の一員として組織しておく必要があった。そのキリシタン大名の代表が、秀吉配下にあって九州征伐でも手柄のあった高山右近である。一八日、宣告文とあわせて秀吉は直接右近にキリスト教の棄教を命じた。

一方、大陸侵攻にはフスタ船やナウ船（大型帆船）が必要であり、ポルトガル人を手懐《てなつ》けておきたいと秀吉は考えた。一八日、日本布教の責任者であったイエズス会日本準管区長のコエリョを呼びつけ、このままキリスト教布教を推進するのかと問い質《ただ》した。その際、九州で実際に見聞きしたこと、すなわちポルトガル人が日本人を奴隷として買い取り海外へ連れ去っている件と牛馬肉食を止めるように、嫌悪感もあらわに宣告した。

これら両者を秀吉の天下に統合することが目的であったが、両者はともに秀吉の宣告を聞き入れなかった。右近は棄教を断固拒否した。コエリョは、ポルトガル商人は日本人が日本人奴隷を売るから買うのであって、そもそも日本では「人の売り買い」が禁止されていないではないか、と反論した。この両者の返答で怒り心頭の秀吉は翌一九日、見せしめのため右近の所領をすべて没収し、イエズス会に対しては国外追放を通告し、その内容をバテレン追放令として諸大名らに周知徹底を図ることになる。

ということは、一八日の宣告文に見える「人の売り買い」「牛馬食」の二か条は当然、コエリョ＝ポルトガル人に対して通告された内容である。右近はもちろんのこと、国内向けに布達された法令などではない。つまり、ポルトガル人は日本で日本人を買い取り国外へ連れ出したり、他国へ売却してはならない。そのような行為は、牛馬を食する行為と同様に厳罰処分であるとされた。第一〇条の付則（「付」）は、禁則の法的根拠を示している。日本人の購入・国外売却を禁止するのは、付則にいうように、これまで国内において「人の売り買い」を禁止してきた伝統があるから、となる（下重清「身売り奉公と女性」）。付則の内容が主文で、この時秀吉は国内向けに人身売買を禁止したという解釈では、第一一条も当然（「是また」）国内向けに発せられたことになるが、その解釈では不自然さは否めない。

日本には「人売り買い」禁止という法的伝統があった。少なくとも、秀吉はそのことを知っていた。しかし、しかるべき手続きを経た下人や子どもの売買を容認してきた日本社会のルールと、その「人売り買い」禁止令との間の矛盾をポルトガル人は見抜いていた。秀吉は歯ぎしりしたに違いない。右近・コエリョに無視された一八日の宣告文が広く国内向けに知らされることはなかった。当然、国内各地で高札にして掲げられた一九日のバテレン追放令には、コエリョに論破されたポルトガル人による「人の売り買い」禁止の条目は組み込まれることはなかった。大事な点なのでくり返すが、天正一五年に秀吉は人身売買禁止令など出していないのである。

結局のところ、その後、宣教師の国外追放も徹底されることもなく、はたまた、宣教師がポルトガル商人の日本人買い取りを禁止することもなく、むしろ黙認・承認されつづけることになる。それでは、秀吉はいつ全国に「人の売り買い」禁止を命じたのであろうか。

「奉公人」から年季奉公人へ

秀吉の「人売り買い」禁止令

マニュフェストだった還住令

敵地の郷村・寺社を相手に雑兵《ぞうひょう》たちが「濫妨《らんぼう》・狼藉」・放火・「人取り」することは戦場で許されたルールであった。そのため抗戦する戦場の民衆は、あらかじめ戦禍を予測して、命を死守するために郷村を捨てて安全なところへ逃亡(「退転《たいてん》」「欠落《かけおち》」)したり、山小屋や砦に籠もって抗戦の準備をする場合があった。そうした状況が長引き、手入れされずに田畑が放置され続けたならば麦・米をはじめ農作物の収穫量は減少し、戦場となった郷村住民のその後の生活に大きな支障を来すことになる。田畑の荒廃は耕作する農民のみならず、戦国大名にとっても無視しえないことであった。であるから、合戦の最中に勝利を確信した戦国大名や、それまで敵地であった地域を征圧した大名は、それまで抵抗していた郷村に対して還住令《げんじゅうれい》を発した。

薩摩《さつま》国長島

定《さだめ》

一、在々所々《ざいざいしょしょ》諸百姓等《ら》、早々《そうそう》還住すべき事。

一、耕作以下、気遣《きづか》いなく仕《つかまつ》るべき事。

一、軍勢・甲乙人《こうおつにん》、地下人《じげにん》に対し謂《い》われざる族《やから》申し懸《か》くるべからざる事。

右条々《じょうじょう》、もし違犯《いはん》の輩《ともがら》これあらば、たちまち厳科《げんか》に処せらるべきもの也《なり》。

天正十五年卯月《うづき》　日　（太閤朱印《たいこう》）

これは九州征伐に出陣した豊臣秀吉が長島（鹿児島県長島町）宛てに出した朱印状である（『薩藩旧記雑録』）。肥後国で島津軍の抵抗らしい抵抗も受けなかった秀吉は、天正一五年（一五八七）四月二七日、海路で薩摩国出水《いずみ》（鹿児島県出水市）に上陸する。直後、島津義久《よしひさ》らは降伏するのであるが、その前に発給された還住令である。安全を約束するとともに、百姓たちに長島へ帰住して耕作に専念するよう奨励している。還住令は戦乱状況の終結を前に、征圧地（もと敵地）に約束した復興マニュフェストであった。

小田原合戦での還住令

天正一八年（一五九〇）三月、天下統一の総仕上げとして、臣従をほのめかすもの最後まで上洛を拒んでいる小田原（神奈川県小田原市）の北条氏政・氏直《うじなお》父子を討つために秀吉は出陣した。

迎え撃つ後北条氏は、すでに小田原城大外郭《だいがいかく》を仕上げ、大筒《おおづつ》の鋳造、軍勢の徴発、諸城への兵

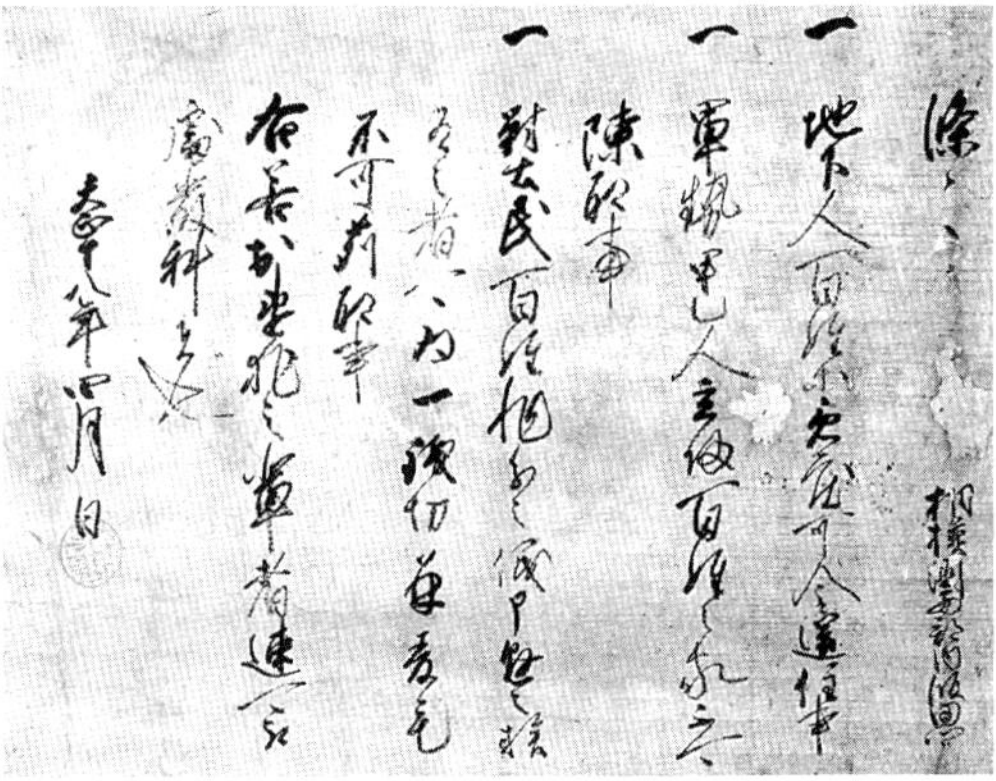

図３　相模国飯田郷宛ての秀吉還住令
（神奈川県小田原市　高橋正義氏蔵）

粮備蓄など籠城を前に準備万端であった。しかし、三月末、秀吉軍が駿河《するが》国から伊豆国へ侵攻を開始すると北条氏規《うじのり》が守る韮山《にらやま》城（静岡県伊豆の国市）こそ持ちこたえたものの、山中城（三島市）・足柄《あしがら》城（神奈川県南足柄市）はまたたく間に秀吉軍によって攻め落とされた。四月五日には一〇万人を超える秀吉軍が小田原城をぐるりと包囲し、一万近い水軍が相模湾上に配置された。翌六日、秀吉は本陣を箱根湯本（箱根町）の早雲寺に移す。もちろん早雲寺は初代伊勢宗瑞《そうずい》（北条早雲）が眠る後北条氏の菩提寺である。

のち、後北条氏の籠城策に対抗するため秀吉は小田原城を見下ろす早川の対岸、笠懸《かさがけ》山に陣城（石垣山一夜城）を築き、引き移ることになる。それから七月五日に後北条氏が降伏するまで約三か月間攻防戦が続く。

肝心なことは、箱根山中をはじめ小田原城に至近な足柄平野の郷村が、すでに四月上旬の段階で秀吉軍によって掌握されつつあったということである。事実、四月付で秀吉が発給した禁制

（「かばいの制札」）のみならず、還住令も多数現存している。秀吉軍は還住令で、制圧下に組み込まれた郷村の住民に避難先からの立ち帰りを奨めるとともに、配下軍勢による陣取りや麦刈りなど非分の禁止を約束した。必ず還住するようにという命令口調ではあるが、この場合の還住令は抗戦しない、味方の地となった郷村住民への安全や静謐《せいひつ》の保障であった（小林清治『秀吉権力の形成』東京大学出版会、一九九四年）。

「国々還住」宣言と「人商売」禁止

小田原合戦は箱根・小田原地域のみならず、旧後北条氏の分国各地で展開した。四月二〇日には相模東部の拠点で北条氏勝の守る玉縄《たまなわ》城（鎌倉市）と国衆大道寺政繁《まさしげ》が拠る上野《こうずけ》松井田城（群馬県安中市）が開城し、二三日ごろには伊豆下田城（静岡県下田市）、二七日には江戸城（東京都）が秀吉勢によって接収された。いまだ陥落していない後北条氏の支城もあったが、侵攻開始後約一か月で勝敗の行方は決していたといってもよい。少なくとも、秀吉には実感できていた。

その四月末の段階で、秀吉は征圧地域（「国々《くにぐに》」）に対して還住を宣言し、その旨を秀吉軍に加わった大名に通告している。次にあげるのは、二七日付で上杉景勝《かげかつ》に出された朱印状である（上杉家文書）。

その面（方面）の儀、（前田）利家《としいえ》相越し、つぶさに申し通し、聞《き》こし召され候。この中油断無き由《よし》、もっともに思《おぼ》し召され候。よって国々地下人・百姓等、小田原町中の外、ことごとく還住の事仰せ付けられ候条、その意成らるべく候。しかるところ、人を商売仕り候由候。言語道断是非《ぜひ》無き次第候。所詮《しょせん》買い置きたる輩、早々《そうそう》本在所へ返し付くべく候。自今以後において、堅く停止《ちょうじ》せらるる間、下々《しもじも》へ厳重に申し付くべく候也。

前半部分では、もと後北条氏の分国で秀吉の地になりつつある「国々」に対して還住を宣言するので心得ておくようにとある。もちろん、氏直らが籠城を続ける小田原城、その大外郭で囲まれた「小田原町中」を除いた「国々（関東・伊豆）」である。

一方で、四月二〇日には浅野長政より伊達《だて》政宗《まさむね》に対して小田原参陣が勧告されていた。それは、後北条氏と同じく奥州にあって上洛を拒んでいた政宗も、秀吉のもとに挨拶に赴かざるをえない状況となっていたことを意味する。つまり秀吉には、関東のみならず奥州の「惣《そう》無事（平和）」をも、そう遠くないことと実感できていたといえる。であるから、この四月末段階での還住宣言は、一郷村・一地域に限定されない関東・奥州をも含めた全国を対象とする宣言であったといってもよい。

そして、その朱印状の後半部分に注目すべき記載がある。「人商売」を言語道断と断罪し、買い取られた者の即時解放と「本在所（元の住所）」への送還を命じている。これは、秀吉が命じた最初の「人売り買い」禁止宣言である。「自今以後」、すなわち今より以降停止するとあるので、「国々」に対してはじめて通告された点は明らかであり、「下々（民衆）」にまで触れ知らせるよう厳命されている。

還住の「国々」への宣言は、二九日付で真田昌幸《さなだまさゆき》宛てにもなされている（真田文書）。そのころ昌幸は上野にあって箕輪《みのわ》城（群馬県高崎市）の受け取りを任されていた。

……箕輪の儀も、玉薬《たまぐすり》（火薬）その外、武具・兵粮以下、少しも相違《そうい》せざる様に、入念請け取り置くべく候。ついで在々所々《ざいざいしょしょ》土民・百姓ども還住の儀、仰せ出《いだ》され候。其許《そこもと》堅く申し触れべく候。東国の習いに、女・童部《わらべ》を捕らえ売買仕る族《やから》候は、後日なりとも聞こし召し付けられ次第、御成敗《ごせいばい》を加えらるべく候。もし捕らえ置く輩これあらば、早々本在所へ返し置くべく候。……

「人商売」とは、戦場にて捕らえられた、すなわち人取りされた女・童を買い取り転売する「族（人商い人）」で、見つけ次第に成敗するとある。捕らえられた人を人商人たちが売り買いする現状を「東国の習い（習俗）」として秀吉は切り捨てた。秀吉の天下にはふさわしくない習俗という認識である。つまり、売られた者の「本在所」への帰住を還住マニュフェストと組み合わせ、戦場となっていた郷村の復興を図ろうとした宣言であった。

日本六十余州定書と人返し

北条氏の降伏を受けて豊臣秀吉は、七月六日小田原城を接収、一一日に北条氏政・氏照の切腹を確認すると、一三日徳川家康の関東への国替えを公表した。

そして一六日には小田原を出発し、奥州へ向けて動座した。途中、二七日には宇都宮において佐竹義重《よししげ》・義宣《よしのぶ》、宇都宮国綱ら北関東の諸大名・国衆の国分けを行っている。

秀吉が会津黒川城（福島県会津若松市）に到着したのは八月九日。さっそく伊達政宗に陸奥《むつ》国、最上義光《もがみよしあき》に出羽《でわ》国の当知行《とうちぎょう》（それまでの領知）を安堵し、蒲生氏郷《がもううじさと》らに新領知を宛行った。あわせて両国の大名・国衆に人質の差し出しと支城の破却を命じている。この奥羽仕置きによって「奥両国（陸奥・出羽）」の「惣無事」も達成されたことになる。

翌一〇日、秀吉は七か条ないし五か条からなる定書《さだめがき》を諸大名に通達した。それぞれの箇条はすでに単独、あるいは他の命令・通告に組み込まれて命じられたことのある内容ばかりで、箇条内容に従わない者、違反者への成敗・「曲事《くせごと》」処分が明言されている。

たとえば、石田三成《みつなり》に宛てた定書七か条の第五条では刀狩《かたなが》りについて規定されており、「日本六十余州在々百姓」を対象にして、刀・脇差《わきざし》・弓・槍・鉄砲などすべての武具の所持禁止と提出を命じている。「日本六十余州」とあるからには、取りも直さず関東・奥両国をふくめ全国に向けて通告された御法度《ごはっと》であった。

同じ定書の第一条には没収所領に対する太閤検地実施と百姓への非分禁止が定められていた。また、同二条では盗人の成敗、第四条では武家奉公人の浪人禁止と百姓の耕作専念義務、そして第七条では永楽銭と「金子《きんす》（小判）」との交換比率（小判一枚＝永楽銭二〇貫文《かんもん》）が規定されている。残る第三条と第六条を見てみよう（大阪市立博物館所蔵文書）。

一、人を売り買う儀、一切これを停止すべし。しからば、去る天正十六年以来に売買の族棄破なさるるの条、元のごとく返し付くべし。向後において人を売る者の事は申すに及ばず、買う者ともに曲事候間、聞き立て申し上ぐるべし。御褒美を加えらるべき事。

一、在々百姓、他郷へ相越す儀これあらば、その領主へ相届け召し返すべし。もしまかり帰らざるについては、相拘《かか》わり候者、ともに曲事たるべき事。

第三条は「人売り買い」禁止令である。「向後」とあるから、秀吉が全国を対象に人商い人の処刑を定めたのは奥羽仕置き後であったことになる。そのことは、天正一五年のバテレン宣告文における「人売り買い」禁止条目が、やはり国内向けに発令されていなかったことを改めて教えてくれる。

ところで、第三条には人商い人によって売買された者を「去る天正十六年」までさかのぼって召し返すとある。この天正一六年という画期は何に由来するのであろうか。同年に秀吉が人身売買破棄宣言を出したという説もあるが、そのような重要な宣言は発見されていない。というより、「自今以後」「向後」という表現からすれば、やはり天正一八年以前に人身売買破棄宣言を出したとは考えにくい。一つの可能性としては、天正一六年八月、秀吉・家康の要請に応じて北条氏規《うじのり》が上洛し、聚楽第《じゅらくだい》にて秀吉に拝謁したことである。この時、氏政・氏直父子どちらかの上洛が約束されたことで、上野《こうずけ》沼田問題に秀吉の裁定が下り、後北条氏が豊臣大名の一員に編成されることになったという説が出されている（竹井英文「戦国・織豊期上野国の政治情勢と「沼田問題」」『古文書研究』六九号、二〇一〇年）。つまり、天正一六年、関東は豊臣政権のルール下にいったん組み込まれたという認識にもとづいて、それ以前の「人売り買い」習俗を処罰対象外としたとは考えられないであろうか。

第六条では人返しを全国に命じている。これはマニュフェストとしての還住令とは異なり、他郷へ逃亡したり転売された百姓らの召し返しを強制したものである。

さて八月一三日、会津を出立し帰路についた秀吉は、途中、宇都宮国綱にも五か条からなる条々（定書）を発給している（小田部氏所蔵文書）。「奉公人」法度、人返し令、百姓への非分禁止、永楽銭の使用ルールとならんで、第四条には「人を売買する儀、一切停止すべき事」とある。「人売り買い」禁止令が御法度《ごはっと》、すなわち天下を統一した秀吉政権の祖法の一つとなったことが判明する。また、還住令や人返し令と組み合わされていることを考え合わせれば、戦乱中の「東国の習い」によって人取りされた人びとをもとの「イエ」・郷村へ引き戻し、地域の復興と安寧の保障を企図した御法度だったといえよう。

九州での人返し令

その後、秀吉政権はこの御法度中の「人売り買い」禁止令と人返し令とをセットにして政策実施していく。たとえば、天正一九年（推定）八月二日に肥後国を領有する加藤清正・小西行長《ゆきなが》宛てに出された朱印状を見てみよう（下川文書）。

豊後《ぶんご》の国の百姓、その外上下に限らず男女・童、近年売買せしめ肥後国にこれある者の事、申し付けきっと返し付くべく候。ことに去年以来買い捕らえ候人の事、なおもって買い損たるべきの旨、堅く申し付け候。難渋においては曲事たるべき事の旨、申し触れべく候也。

同日、同内容の命令が筑後《ちくご》国に領知を有する立花宗茂《むねしげ》・小早川秀包《ひでかね》宛てにも出されている。二通とも年欠である。天正一七年から同一九年の間に発給された可能性が考えられ、文中の「去年以来」、すなわち天正一六年に出されたという人身売買破棄宣言をもとに、かつて天正一七年のものと推定された。しかし、この「去年」は天正一八年と見なすべきであろう。であるから命令内容は、近年、肥後国で豊後国大友氏領の百姓ら男女・童を買った者があれば、支払った金額を損金にして、ただちに解放し豊後国に返しなさい。かつては取り締まっていなかったが、去年、日本六十余州定書で「人売り買い」を御法度とし、人返しを命じたのであるから、九州においても遵守するようにとなる。文中より、島津軍による「人取り」「乱取り」を前提としているニュアンスはとくに感じ取れない。

また、文禄二年（一五九三）五月、朝鮮出征中における「卑怯（臆病）」を理由に秀吉は大友義《よし》統《むね》を改易処分にした。知行国である豊後国は取り上げられ、中小の大名に国分けがなされた。これを機に、名護屋《なごや》に在陣中の秀吉は九州各地の大名、大名が朝鮮出征中の場合はその留守居《るすい》に宛てて人返し令を出している。たとえば七月六日、加藤清正・小西行長の留守居には、「先年（天正一五年か)」に豊後国で人取りされ肥後国に連れてこられて買い取られた「男女」にまでさかのぼって豊後国へ返すように命じるだけでなく、豊後国内にいる肥後国の百姓らの引き戻しにも心掛けるよう命じている。同年、肥前国唐津城主となった寺沢広高は肥後国水俣《みなまた》と薩摩国出水《いずみ》にも飛び地領を拝領した。さっそく八月二九日に秀吉は、「御法度の旨に任せて」と祖法を根拠に、水俣と出水から薩摩国・大隅《おおすみ》国・日向《ひゅうが》国など隣国に「買い取られ」ていった「侍・百姓」の召し返しを命じている。こうした秀吉による人返し令は、御法度として祖法となった以降の政策と理解した方がいい。

「奉公人」法度

「奉公人」

七か条からなる石田三成宛て日本六十余州定書には「奉公人」に関する箇条が含まれていた。第四条がそれで、「諸奉公人は、面々《めんめん》恩給をもってその役をつとむべし」とある。この場合の「奉公人」とは、いわゆる武家奉公人のことで、戦国大名であるとか、大名から知行地（給地）を拝領している家臣（武士）に仕える奉公人たちを指している。

「諸奉公人」とあるように、職務（「役」）や地位によりクラス分けができる。おおよそ、①武士に寄子《よりこ》・被官《ひかん》として奉公し名字を有する「侍（若党《わかとう》）」や足軽、②名字を持たない中間《ちゆうげん》・小者《こもの》、③隷属労働力である下人《げにん》の三クラスに分けられる。ひっくるめて「奉公人」身分を形成していたともいわれるが、厳密にいえば、「恩給―奉公」関係にある「奉公人」は若党・足軽、および中間・小者までであり、下人・下部《しもべ》は主人によって一方的に使役される隷属民であった。下人層の一部をのぞけば、「奉公人」はそれぞれ生まれた時からの地位ではなく、大名・武士が合戦をする時の戦力として、あるいは武士の「イエ」内において担う仕事や労務によって個々に雇われた者たちである。

「奉公人」は、もともと武士たちの知行地の地侍《じざむらい》をはじめ、土豪百姓の悴《せがれ》や郷村の民衆（百姓・下人）たちが伝手《つて》を頼りに奉公する場合が主流であった。しかし、大名・武士が合戦に出陣するに際しては、主人（騎乗）に付属し弓・槍・鉄砲をもち戦闘力（足軽衆）として組織・編成される若党・足軽や、主人の従者として馬を牽いたり槍を持つ中間・小者が不足し、臨時に傭兵として雇われた。戦国期には「渡り奉公人」といって、合戦ごとに主人を替える者も多数いた（朝尾直弘「一六世紀後半の日本」『岩波講座日本通史』一一巻、岩波書店、一九九三年）。合戦を求めて渡り歩き、みずからの能力・手柄で生き延びようとした者たちである。功名をたてて武士への身分上昇チャンスをねらっている者もあれば、戦場での「乱取り」「人取り」に没頭する者もいた。合戦でしか生き延びられなかった者たちである。

「奉公人」法度と暇乞い

戦乱が収まり、地域に平和が訪れると「渡り奉公人」はどうなったのか。当然、生き延びるために活躍できる唯一の場を彼らから奪うことになった。大名・武士たちも出陣機会の減少によって臨時に雇う「奉公人」を減らしはじめ、リストラされ浪人となる「奉公人」が多数出現した。「惣無事」の進展とともに秀吉政権がとった、そうした「奉公人」問題への対処策が「奉公人」法度《はっと》である。

天正一四年（一五八六）正月一八日、畿内近国・中部地域を大きな地震が襲った。その翌一九日、秀吉は一一か条からなる定書を配下の大名たちに触れ出した。家臣団や農民の統制、年貢の収納（とくに災害時の減免）、京枡《きょうます》の使用など、関白となった秀吉が最初に定めた基本法ともいわれている。その第一条に、すでに「奉公人」に関する規定が見える（宮川満『太閤検地論』Ⅲ、御茶の水書房、一九六三年）。

一、諸奉公人、侍の事は申すに及ばず、中間・小者、あらし子に至るまで、その主《あるじ》に暇《いとま》を乞わず出《いず》る事、曲事に候の間、相拘《あいかか》うべからず。ただし、前の主に相届け、たしかに合点《がてん》これある者、是非《ぜひ》に及ばざる事。

「侍」「中間・小者」「あらし子」からなる「諸奉公人」に対して、奉公を辞めたり、奉公先を変更する場合には必ずそれまで仕えていた主人に暇乞《いとまご》いをして、了承を得るように命じている。合戦が終わったから、あるいは勤めがきついからといって「奉公人」は主人に断りもなくそのもとを立ち去ってはならない。勝手に別の奉公口を見つけた場合には、もとの主人と新しい主人との間で「奉公人」の帰属をめぐり決まって相論となった。「合点」とは「奉公人」が辞めることを了承した旧主人による証明書である。つまり、「奉公人」は奉公を辞めるときに必ず暇乞いをして「合点」を入手すること。また、「奉公人」を雇う時に主人は、必ず旧主人との間の奉公関係解消を「合点」で確認するよう義務づけたのである。この暇乞いの義務化によって、主人と「奉公人」との間に奉公を介した契約化が一歩前進することになった。

日本六十余州定書に、「諸奉公人」は「恩給」に関する約束を交わして、主人に「奉公人」としての「役」を勤めよとあるのも同様の目的から組み込まれた箇条である。すなわち、召し抱えてやるという口約束だけではなく、主人と「奉公人」との間で「恩給─奉公」内容について契約を交わすよう奨励している。

「浪人」払い

内戦状況に終止符が打たれると、全国規模で「奉公人」の需要は減少した。とくに、戦場にしか活躍の場（＝生き延びる手段）のなかった雑兵たち「奉公人」は、いつかまた活躍の場（合戦）が復活するであろうと、故郷に戻るわけでもなく「浪人」状態を続けることになる。戦場でしか生き延びる術を見つけられなかった彼ら「奉公人」にとってみれば、「浪人」するよりほかに方法があるはずもなかった。

天正一八年（一五九〇）一二月五日、長束《なつか》正家・増田《ました》長盛ら秀吉の奉行衆六名連名で、北近江《おうみ》（滋賀県）の蔵入地代官大田又助らに宛てて四か条からなる浪人対策の法度が出された（「平埜荘郷記」下）。これは高木昭作によって浪人停止令と名付けられた史料で、それまでは秀吉の身分統制令の先駆的な法令と位置づけられてきた法度である（高木昭作『日本近世国家史の研究』岩波書店、一九九〇年）。

きっと申し入れ候。御代官所・自分知行の内、浪人停止《ちょうじ》、相払わるべき事。

一、主をも持たず、田畠《たはた》作らざる侍、相払わるべき事。

一、諸職人ならびに商売人、この心得 仕《つかまつ》り来《きた》り候わば、その分たるべし。この触の後、彼《かの》主をも持たず、田畠作らざる侍ども、職人・商売仕り候と申し候とも、地下《じげ》相払わるべき事。

一、奉公人の外、百姓の中は改められ、武具類取り上げらるべき事。……

一、毒の売買の事。在中にて仕り候儀、これまた堅く停止し、薬屋にて毒の薬を買いたしと申す者候わば、捕らえおき糺明を遂げらるべき事。

「浪人」が蔵入地や給地に滞留しているならば、「地下（郷村）」から追い払いなさいというのがこの「奉公人」法度の趣旨である。「浪人」とは、今「主」に仕えていない「奉公人」であり、百姓として田畠を耕作していない「侍（若党）」たちである。村に住めるのは検地帳に名請《なう》け（登録）された百姓と、「主」のある「奉公人」だけである。出身地に帰って百姓となるのはもちろんのこと、腕に覚えがあるから、商いの経験があるから職人・商人になりたいというならば、それも自由である。ただし、「浪人」が奉公先を見つけるまで、その場つなぎに手間稼ぎや商い仕事をするのは認められない。「浪人」や百姓が槍・刀を携帯するのは危険であるので取り上げなさい。また、「浪人」が怪しげな毒薬の振り売りで糊口を凌ごうとする場合も見られるので、胡散《うさん》臭い振り売りはすぐさま逮捕するように、とある。

ところで秀吉は、京都に対してもっと早くから「浪人」払いを命じている。すでに天正一一年（一五八三）六月、七か条の掟《おきて》でもって京都奉行職の前田玄以《げんい》から洛中洛外に対して、「諸牢人、秀吉相知らざる輩《ともがら》、居住すべからざる事」と触れている（『京都町触集成』）。その理由は、「浪人」が「町人に対し非分・狼藉」をするからであった。このように「浪人」払いは郷村も都市をも対象とした政策であり、「惣無事」達成以前から地域を限定して実施されていた政策の一つであった。

「浪人」取締り令

その「浪人」払いを全国に命じたのが、かつて秀吉の身分統制令、あるいは身分基本法と呼ばれた天正一九年（一五九一）八月二一日に出された三か条からなる定書である（小早川家文書など）。武士が百姓・町人となること、百姓の転業、武士の無断での勤め先替えを禁止するなど、兵農分離によって士農工商の身分固定を図った基本法として長いこと教科書にも載っていた。しかし、「侍」とあるのは「諸奉公人」のうちの若党を意味することが解明され、武士身分については何ら規定されていないので、身分法令ではないと評価が改められた。一言でいうならば、「浪人」取締り令である。

一、奉公人、侍・中間・小者・あらし子に至るまで、去る七月奥州へ御出勢より以後、新儀に町人・百姓に成り候者これあらば、その町中・地下人《じげにん》として相改め、一切置くべからず。

もし隠し置くについては、その一町一在所御成敗を加えらるべき事。
一、在々《ざいざい》百姓等、田畠を打ち捨て、あるいは商い、あるいは賃仕事にまかり出《いず》る輩これあらば、そのものの事は申すに及ばず、地下中御成敗たるべし。ならびに奉公をも仕らず、田畠を作らざるもの、代官・給人としてかたく相改め、置くべからず。もしその沙汰無き者においては給人過怠《けたい》には、その在所召しあげらるべし。町人・百姓として隠し置くにおいては、その一郷、同じく一町曲事たるべき事。
一、侍・小者によらず、その主に暇を乞わずまかり出る輩、一切拘うべからず。よくよく相改め、請《う》け人を立て置くべき事。ただし、右の者主人これありて、相届くるにおいては、互いの事の条、からめ取り、前の主の所へ相渡すべし。もしこの御法度《ごはっと》を相背き、自然そのもの逃がし候については、……その主人御成敗を加えらるべき事。
この定書を発令した政策意図については、現在三つの説がある。まず、①直後に発令予定であった「唐入《からいり》（朝鮮出兵）」動員令に先だって出兵期間中を念頭に置いた時限立法説である。百姓を土地に縛り付け年貢・兵粮を確保し、かつ「浪人」を「唐入」軍団に吸収しようと意図した法令であったという（高木『日本近世国家史の研究』）。もう一つは、②内戦の決着によってあぶれた「奉公人」が「浪人」となって城下町などに滞留し都市民化する社会問題への対策法であったという説である。都市からの「浪人」払い、百姓の都市流入阻止、都市での「奉公人」相論解決を目的に出されたという（藤木『雑兵たちの戦場』）。この「浪人」取締り令は、その後の基本法（「御法度」）となっていくので時限立法であったとはいえないが、「唐入」を前提に大名等の軍役を支える「奉公人」確保策であった側面は否定できない。また、「奥州へ御出征（秀吉の動座）」による平和がもたらした「浪人」問題への対応策であった点は、この政策の本質をいい当てている。

第一条・第二条は紛れもなく「浪人」払い令の再令である。追い払われるのは、あくまで「主」のいない、田畠も作らない「奉公人（浪人）」である。それも、「一郷」「一町」住人全員に連帯責任を負わせるかたちで厳命している。第二条では、百姓の「田畠」「在所」への緊縛というより、むしろ百姓の他出を禁じている。その目的は人返し令と同じで、農村の荒廃を危惧したものといえる。「浪人」払いは「在・郷」「町」をともに対象としているので、百姓・「浪人」の都市部流入だけが問題にされているのでもなさそうだ。

第三条は暇乞い義務を規定した「奉公人」法度の再布達である。といってしまうと、この「浪人」取締り令は、それまで出された「浪人」「奉公人」に関する法度を寄せ集めて、単に全国に向けて命じただけということになってしまう。

人請け強制

しかし、この第三条には秀吉政権がはじめて全国法度に盛り込んだ内容が含まれている。それが、「よくよく相改め、請け人を立て置くべき事」という一文で、これまで注目されてこなかった部分である。

請け人とは身元保証人のことである。つまり、請け人が「奉公人」の身元を保証するのが人請け人となれるのは、親類であるとか、地域の有力者であるとか、もとの主人であった。つまり秀吉政権は、主人と「奉公人」との間で「恩給—奉公」契約を交わすよう推奨し、暇乞いの遵守を命ずるだけでなく、さらに親・家族以外の第三者による奉公人の人請けを強制したのである。

より雇用条件のよい主人を求めて勝手に奉公先から逃げ出す「奉公人」が後を絶たない。また、相変わらず暇乞いの証拠を持たない「奉公人」を召し抱え、もとの主人と相論になるケースが多い。あまつさえ、「奉公人」を旧主人に渡さずこっそり逃がす主人もいる。ルール違反の「奉公人」だけではなく、ルールを守らない主人も厳罰に処す。これからは、以前に別のところで奉公していた「奉公人」は暇乞いの証拠を、新規に「奉公人」に出る者は請け人を立てなければ「奉公人」という職・身分にありつけなくしたのである。

「奉公人」法度における人請け強制は、のち江戸幕府が展開する年季奉公人化政策の先駆として位置づけられる。それまでの親方・子方間における主従関係を近世的な雇用労働契約関係へと昇華させるうえで重要な意味を持った。

最後にもう一つ、③天正二〇年（文禄元年、一五九二）正月、朝鮮出兵を前に関白秀次が全国に戸口調査（=人掃《ひとはら》い）を命じたと推定し、それに先だって前年秀吉が命じた人掃い令だという説がある。

人掃い令説

諸説入り乱れ、錯綜している人掃い令に依拠している。そもそも天正一九年三月六日、毛利家家臣の安国寺恵瓊《えけい》・佐世元嘉《もとよし》が吉川《きつかわ》広家の奉行粟屋・桂両名に宛てた連署状でもって、「当関白様」より全国六六か国に人掃いが命じられたので広家領分でも家数・人数を調査するよう命じたことに起因している（吉川家文書）。この連署状には、はっきり「天正十九年」と書かれているのに、なぜか天正二〇年の間違いであると信じられ、天正一九年一二月に関白職を秀吉より譲られた秀次が「当関白」だとされている。

まず、「人掃い」という表記の使用は極めて少なく、これは「人払い」、すなわち「浪人」払いと理解すべきであろう。「掃い」に戸口調査の意味合いを読み取るのは困難である。連署状では、「浪人」払いの厳命と新規安堵所領への戸口調査という二項が通達されたと見なせる。人掃いを無理に戸口調査と解釈するところからすべての混乱がはじまっている。前述したように、日本六十余州定書に「奉公人」法度が盛り込まれ、天正一八年一二月にすでに北近江に「浪人」払いが命じられているので、毛利氏に「人（浪人）」払いが命じられていておかしくない。その上で、改めて天正一九年八月二一日に全国へ向けて「浪人」取締り令が御法度として布達されたのである。

「浪人」取締り令中に見える「相改め」という表現はどれも戸口調査を意味していない。それぞれ、払われるべき「浪人」の調査であり、「奉公人」採用に際しての身元確認を意味している。また、「去る七月奥州へ御出勢」は、天正一八年七月に小田原より関白秀吉が奥州まで出陣したことを指している。人掃い令の「当関白」を秀次と解釈したいがために、奥州仕置きに反対する葛西《かさい》大崎・九戸《くのへ》一揆の鎮圧目的で、天正一九年六月に秀次らが奥州へ派兵を命じられた点と「去る七月奥州へ御出勢」とを無理やり結びつけて論じたのであるが、やはりボタンの掛け違いであろう。

何よりも、明記されている年号を誤記とするより先に、その年号でどのような歴史解釈が成り立つか、可能な限り追究されるべきだと思う（金子拓「人掃令を読みなおす」『消された秀吉の真実』柏書房、二〇一一年）。

御法度の継承

ふさわしい生産構造

慶長三年（一五九八）八月、伏見城にて豊臣秀吉は没する。秀吉政権の諸政策は徳川家康を中心とするいわゆる五大老・五奉行によって、豊臣秀頼《ひでより》に忠誠を誓うかたちで引き続き同じ路線で推し進められた。そのうち、兵農分離を支える新たな基盤経済、すなわち平和な時代にふさわしい生産構造の構築に関わる政策は、のちの江戸社会の形成に大きな影響を及ぼした。

なお、江戸社会というのは、おおよそ一七世紀後半にその本質が形づくられ、アジア太平洋戦争後まで人びとの暮らしに強く影響力をもった日本独特の社会体制を、江戸時代に特徴的にみられる社会という意味をこめて名付けたものである。紛らわしい表現であるが、巨大都市江戸に暮らす人びとのみを対象としているわけではない（下重清『稲葉正則とその時代』夢工房、二〇〇二年）。

ふさわしい生産構造とは、兵農分離によって領主階級（大名・武士）が富・利益を生み出す生産活動から切り離される一方で、百姓が農耕を中心とする生産活動を担い、領主に年貢を納め、町人が物流・消費の動脈を担当するという経済の仕組みの大枠である。幕藩体制という国家システムは、この生産構造にもとづき、江戸社会の仕組みを破綻なく存続させた政治構造であったといえる。

たとえば、秀吉政権は兵農分離体制を確立するために全国規模で太閤《たいこう》検地や刀狩りを実施し、また、経済基盤である農村の復興および発展のために「人売り買い」禁止令・人返し令・「奉公人」法度などセット政策を推進した。このセット政策は、奴隷・隷属民の労働に頼る生産構造から農奴《のうど》（夫婦掛け向かいの小農《しょうのう》経営）に基盤を置く生産構造への移行を促進した。それはまた、労働力の需給関係を譜代下人《ふだいげにん》など人間そのものの売買・再生産で充たすシステムから、年季奉公人の雇用契約など労働力のみのやり取りによって補うシステムへの変容でもあった。そうした移行・変容によって江戸社会では目に見えて人身売買が減少し、身売りは女性にのみ残ることになる。

肝心なことは、そのような生産構造の移行や労働力需給の変容をもたらす政策は、徳川家康が征夷《せいい》大将軍となる前から、大坂の陣の決着によって徳川政権が公儀を手中に収める前から、各大名や代官がその領域支配において実施していたことである。つまり、秀吉政権の政策は天下の政策として各大名に継承されていた。

「天下の御法度」　関ヶ原の合戦で徳川家康側につき、合戦後の論功行賞で加増され加賀・能登・越中三国において一二〇万石余を拝領することになった前田利長《としなが》が、慶長六年（一六〇一）五月一七日、加増された加賀・越中領に発令した民政に関する定書一九か条のうち、その一部（第八条・第一〇～一二条）を見てみよう（『加賀藩史料』）。

一、侍ならびに小者《こもの》出入りの事は、天下の御法度《ごはっと》の如く三度相《あい》届け、返さざるにおいては奉行所へ申し断るべし。もし御法度に背き、路頭にて相捕らうるにおいては、かの小者当主人へ相付くべし。……

一、逃散《ちょうさん》の百姓相抱え候わば、宿主は成敗すべし。その村としては家別に米一石《こく》ずつこれを出《いだ》すべき事。

一、百姓奉公に出《いで》候わば、月年を究《き》め、互いの書物《かきもの》にて相定むべく候。書物これなきにおいては、主人の越度《おちど》たるべし。

一、給人ならびに代官、当知行《とうちぎょう》の百姓を召し遣《つか》い候とも、知行替えこれあらば、三ケ年以来の者をその在所に残し置くべし。四ケ年に及び候わば、その主人召し仕《つこ》うべし。……

第八条は、明らかに暇乞《いとまご》い義務違反によって発生した「奉公人」出入りに関する規定である。

それが、①「天下の御法度」に依拠して命じられている。もちろんこれは秀吉の「天下」のことであり、秀吉政権が定めた御法度を意味している。また、第一〇条にいう「逃散」百姓の隠匿禁止は、百姓の他出禁止と同義である。百姓の逃亡によって名請《なう》け地（検地帳に登録された田畑）が荒廃することを心配している。

秀吉政権では、あくまで武家奉公人を対象とした暇乞い義務であったり、人請けの強制であったが、第一一条にあるように、②前田氏領（のちの加賀藩領）では「百姓奉公」にまで「奉公人の作法」の適用が図られている。武家の社会・「イエ」における主従間の奉公契約に関するルールが、民間における労働（雇用）契約に対しても積極的に導入を図っている点は注目に値する。さらに同条では、③年季（「月年」）＝奉公期間の約定《やくじょう》と契約書（「書物」）の作成を義務づけている。つまり奉公人契約を結ぶには、請け人が奉公人の身元を保証し、雇い主が奉公期間など雇用条件を提示し、それら合意・確認された内容を契約書にまとめるよう義務づけている。これには、武家奉公だけではなく民間における雇用労働においても、ルールにのっとった年季奉公人契約のみを正当な雇用契約と見なし、法的に保護しようという意図が読み取れる。

第一二条は、④地方《じかた》知行地を持つ給人（上級家臣）や直轄地支配を担当する代官らが、知行地・担当区域の変更に際して、年貢未進《ねんぐみしん》等を理由にそれまで人質として召し使っていた知行地・担当区域の百姓を、自分の召使い（隷属民）として連れて行ってよいかどうかを規定したものである。三年以内であれば、未進・借金を破棄して「在所」へ戻すようにとある。三年を越える期間召し使われている者は、未進・借金の返済見込みのない譜代《ふだい》の隷属民と判断したのである。

このように、前田利長をはじめ、徳川家康はもちろんのこと、多くの大名はその領内統治・家臣統制策に「奉公人」法度など「天下の御法度」を採用している。

人返し協定

秀吉の人返し令は、大名間の人返し協定として形を変えて活用されていく。慶長一六年（一六一一）五月九日、上杉景勝《かげかつ》（出羽米沢《でわよねざわ》藩三〇万石）と伊達《だて》政宗（陸奥《むつ》仙台藩六二万石余）との間で交わされた三か条からなる覚書《おぼえがき》を見てみよう（伊達家文書）。

景勝御領中へ人返しの儀仰せ合わさるる覚

一、下人《げにん》の儀、男に本銭二百文《もん》、女房に三百文の褒礼《ほうれい》たるべき事。

一、百姓境目にて見付け候は、下人・子ども人数多く候とも、夫婦ばかり右の褒礼たるべく候。付《つけたり》、境目を通り、内郷へ逃げ来り候百姓、相互にこれを届くる上、褒礼あるまじき事。

一、奉公人の事、届け次第相互に異儀あるべからざる事。

それぞれの相手領国に逃げ込んだり、売られていった百姓・子ども、下人、それに「奉公人」を見つけ次第に互いに引き渡すことを約している。とくに、主人のもとより逃げ去った下人男女については報奨金を支払うとあり、金額は女性の方が高く設定されている。先述したように、これは産む性＝下人を再生産する性に由来するものといえる。

すでに江戸幕府が成立しているが、これは徳川政権からの命令に従って取り交わされたものではない。この時期、国持ち大名間に特徴的に見られる自発的な協定である。

他国売り禁止

「人売り買い」禁止令も形を変えて大名の領内統治策に受け継がれている。たとえば、慶長一八年（一六一三）七月一四日、毛利輝元・秀就《ひでなり》（長州藩三六万石余）が領内に申し触れた郷方条目一八か条のうち、第一四条には「百姓・下人、他国へ売り候儀、一切停止《ちようじ》の事」と見える（『萩藩閥閲録』）。百姓や下人を他国、すなわち長門《ながと》・周防《すおう》二か国の領分から他国へ売り払ってはいけないとある。わざわざ明記してはいないが、他国売りを禁止するだけであって、領分内における売買は禁止していない。人身売買そのものが禁止の目的ではない。人返し協定と同じく、あくまで領分の百姓・下人の他国への流出を阻止し、領分内の生産人口を維持するところに目的がある。

元和《げんな》元年（一六一五）一二月二日、加賀藩が触れ出し、領内に高札《こうさつ》として掲げられた七か条からなる定書《さだめがき》の第五条にも、「諸百姓男女によらず他国へ売り遣わす事、ならびに譜代重代《ちようだい》の契約を致し、在所をまかり出《いず》る儀堅く御停止なられ候」とある（『加賀藩史料』）。やはり、百姓が「在所」を離れ、他出することを問題としている。ただし続けて、「年切《ねんきり》にまかり出候奉公人、あるいは当給人と相対《あいたい》の上をもって、納所《なつしよ》の算用に引き次ぎ召し仕《つか》い候者の儀は格別たるべき事」

とある。つまり、ふたたび元の村に戻ってくることを前提とした年季奉公人契約で他国稼ぎするケースは構わない。あるいは、給人が知行地の百姓を年貢未進方の人質としている場合でも、本人が了承している召使いを大坂蔵屋敷なり江戸藩邸なり国外の勤務地へ連れて行くことは容認された。

百姓が年季奉公人契約で他所で働くことが珍しいことではなくなりつつあったといえる。そして、これらは幕府から命じられたルールではなかった。というより、秀吉政権の方針を受け継ぐこれら諸大名の政策を集約する方向性でもって、元和年間以降、徳川政権は公儀の御法度として全国統治の政策に反映させていったと考えた方がよい。

「公儀ご存じの牢人」

江戸時代となっても、依然として「浪人」は村や町から払われる存在であった。ところが、秀吉時代以来「浪人」改めを行い「浪人」の追放が実施されていた京都では、もと上級の武士であった「牢人」は「宿切手《やどきって》（手形）」を発給してもらうことによって洛中の町屋に住居することができたという（東谷智「近世前期の京都における武士」『都市の身分願望』吉川弘文館、二〇一〇年）。おそらく「浪人」改め実施の過程で出現してきたであろう、単純に追い払えない「牢人」の洛中洛外への居住を認める手段として「宿切手」が採用されたに違いない。江戸時代に入ってから、彼らは「公儀ご存じの牢人」と呼ばれた。

元和九年（一六二三）九月二三日、京都町中に命じられた「浪人」払い令（「覚」七か条）を見てみよう（『京都町触集成』）。まず、第一条には「重ねて奉公仕るべくと存ずる牢人払うべき事」とある。第二条以下では、「出家」となるといって寺院に住み込みながら「学問（修行）」しない「牢人」、あるいは「合力《ごうりき》（扶助）」をもらって武家の屋敷に居候している「牢人」を追放するよう規定してある。ただし、次の二種類の「牢人」は追放の対象外であった。

一、公儀御存じの牢人異議《いぎ》無く指《さ》し置くべし。ただし、その牢人向後奉公仕《つかまつ》るまじく候旨《むね》、ならびに余の牢人拘《かか》え置くまじき由、諸親類・知音《ちいん》・十人組より堅く一札《いっさつ》その町へ取り置くべき事。

一、年《とし》久しく商いいたし、妻子を持ち、ありつき候牢人、そのまま指し置くべし。ただし、右同前に一札取り置くべき事。

追放されなかったのは、①「公儀ご存じの牢人」である。ただし、二度と「奉公人」にはならない、ほかの「牢人」を住まわせないという二点を誓約し、親類など請《う》け人（身元保証人）から「一札（誓約書）」を町へ提出すること。もう一つは、②「年久しく商いいたし」、すでに家族を持ち町中に長年住み着いている（「ありつき候」）「牢人」であった。「公儀ご存じの牢人」同様に「一札」を町に差し出すこととある。

そして、両者ともに町中が居住を認めた場合、誓約書に町が奥書《おくがき》し「牢人」の居住を京都所司代へ願い出て、「切手（宿切手）」を受け取ることとされた。この「切手」が京中に住める「牢人」の身分証明書に相当した。彼ら町中で生活することを許された「牢人」は、町の住人に加えられ実質的に町人として暮らすことになる。ただ、かつて武士・奉公人であったという由緒ある「牢人」として、町人身分には許可されていなかった公的な場での名字（苗字）と帯刀《たいとう》が許された。江戸時代の身分秩序のなかで、数少ない規制対象から外れる特別な存在である（朝尾直弘「十八世紀の社会変動と身分的中間層」『日本の近世』一〇巻、中央公論社、一九九三年）。

この後、幕府は京都以外の町・村でも「公儀ご存じの牢人」を認めていく。「天下」ではなく「公儀（大公儀）」＝将軍の了承した「牢人」ということであるが、肝心なことは、それがけっして徳川政権によって独自に編み出されたルールではなかったということである。

年季奉公人化政策

大坂の陣後の噂

関ヶ原の合戦が終わり、徳川家康が将軍に就任し幕府が開かれたといっても、大坂城主豊臣秀頼《ひでより》が関白に就任し豊臣の「天下」を復活させる可能性は残っていた。大名たちも江戸の家康と大坂の秀頼との両方の顔色を窺いながら政局の趨勢を見守っていた。そのような徳川と豊臣の共存共栄構想は二重公儀体制と呼ばれるが、そうした多くの矛盾を孕《はら》んだ政権構造に終止符を打ったのが冬・夏両度にわたる大坂の陣であった（笠谷和比古『関ヶ原の合戦と大坂の陣』吉川弘文館、二〇〇七年）。

その大坂の陣でも、いまだ戦国期同様に戦場で「濫妨《らんぼう》（掠奪）・狼藉《ろうぜき》（暴行）」や「人取り」の行われたことが明らかにされている。徳川の軍勢も当たり前のごとく女・子どもを掠奪していた（高木昭作「乱世」『歴史学研究』五七四号、一九八七年）。もちろんこれは敵地での掠奪は問題なしという戦場でのルールが活きていただけである。

……さらにまた、フィディア（豊臣秀頼）様がなお生きているとか、戦《いくさ》（大坂の陣）後に人身を売った廉《かど》で二〇〇人の日本人が大坂で死刑に処せられたとか、皇帝（徳川家康）の息子（秀忠）の息子（甥）に当たる三河守《みかわのかみ》（松平忠直《ただなお》）様がカボケ（かぶき）、すなわち役者ひとりを買ったが、彼にとっては一〇〇貫目《かんめ》、すなわち英貨二五〇〇ポンドの出費であったとかいう、根拠のない噂があることも。……

一六一六年四月三〇日（元和二年三月二五日）、平戸のイギリス商館長リチャード・コックスが記した日記の一部である（『日本関係海外史料』）。都からのウィッカムの手紙と大坂の定宿《じょうやど》主人からの書状・酒樽を受け取ったコックスは、当時、京都・大坂で流布していた噂を知った。真偽の程は確かめられていないが、陣後、人を売った罪で二〇〇人が死刑となったとある。この噂が本当だったとするならば、戦場で人取りされた人びとを買い取って大もうけしようと目論《もくろ》む人商い人が多数大坂に集まっていたことが判明するとともに、直後、徳川政権が大規模な取り締まりを実施したことになる。

秀頼と淀殿の自害で夏の陣に幕が引かれると、慶長二〇年（一六一五）七月、元和と年号が改められ、武家諸法度、禁中幷《ならびに》公家諸法度、諸宗本山本寺諸法度と矢継ぎ早に将軍秀忠より「公儀」の御法度が発令された。いわゆる元和偃武《えんぶ》のはじまりである。その一環として「公儀」によ

図4　着物をはがされ連れ去られる女（『大坂夏の陣図屏風』大阪城天守閣蔵）

図5　若い女を取り合う兵士たち（『大坂夏の陣図屏風』大阪城天守閣蔵）

る「人商い人」の逮捕・処刑があったと考えることもできよう。

幕府の「人売り買い」禁止令

翌元和二年（一六一六）四月に家康が死去したのち、六月秀忠は大名・旗本が拝領石高《こくだか》に応じて勤めなければならない軍役人数を定めた。出兵時の兵力や上洛の供奉《ぐぶ》人数の基準となるものである。そして、将軍秀忠への権力一元化の過程で、大坂での豊臣勢残党狩りや浪人問題をも考慮して、同年一〇月に「人売り買い」禁止令を定めることになる。この九か条からなる定書は江戸・大坂・京都などに高札として掲げられた。その第一条・第二条・第六条を見てみよう（『武家厳制録』）。

一、武士の面々《めんめん》、若党の儀は申すに及ばず、中間《ちゅうげん》・小者《こもの》にいたるまで、一季居《いっきおり》一切差し置くべからざる事。

一、人売り買いの事、一円停止《ちょうじ》たり。もし売り買い濫《みだ》りの輩《ともがら》は、売り損、買い損の上、売られ候者はその身の心にまかすべし。ならびに勾引売《こういんうり》については、売り主は成敗、売らるる者は本主へ返すべき事。

一、主《あるじ》なし宿《しゅく》かりの事。請《う》け人の手形を町奉行へ上げ、両人の裏判をもって宿を借りるべき事。

第一条は「浪人」払い令である。大名・武士は身元の確かでない「一季居」の浪人を雇ってはならない、身内・知り合いだからといって浪人を屋敷内に居候させてはならないとある。この場合の「一季居」とは、一年季契約など短期契約の奉公を望みながら、なかなか奉公先を決めない浪人たちを意味している。一年季契約の武家奉公そのものを禁止しているのではない。この身元不確かな「一季居」浪人の雇用禁止は、すでに慶長一四年（一六〇九）から秀忠政権が江戸市中あてに触れ出したことのある御法度の一つでもある（高木『日本近世国家史の研究』）。

そして第六条では、浪人（「主なし」）が町に居住（「宿かり」）したければ「請け人」の「手形（請け状）」、すなわち身元保証書をもって町奉行所へ申請し、奉行の「裏判」（許可印）＝宿切手をもらって「公儀ご存じの浪人」となることとある。これらの規定は、基本的に身元の不確かな浪人を町から追い出す方針で貫かれている。

第二条では、「人売り買い」と「勾引売」の禁止を命じている。これまで通説では、「一円」とあることから、この禁止令をもって江戸幕府は人身売買行為すべてを禁止したと理解してきた。しかしそうした理解は、見てきたように「人売り買い」禁止の法的伝統を考えれば正しくない。この「一円」は北条氏邦《うじくに》の掟《おきて》にもあったように、禁止される対象（＝すべて）ではなく、禁止令が及ぶ範囲（＝どこでも）のことを意味している。また、人身売買全般を禁じたのではないことは、「売り買い濫りの輩」「売り主」と「本主（親・主人）」とを厳密に使い分けていることでも判明する。もしも、親が子どもを、主人が譜代《ふだい》下人を売ることまで禁止したと解釈したならば、売られた子ども・譜代下人は解放されても帰る（戻る）べきところがない（成敗されてしまっている）ことになってしまうから。

このように、秀忠政権は「公儀」の御法度として人商い業と人をかどわかして売買する行為を禁止したのである。

あわせて、第三条では「年季の事、三ケ年を限るべし。ただし、三年を過ぎるは、双方曲事《くせごと》たるべき事」と、奉公人の年季（奉公期間）を最長三年までに制限した。これは秀吉政権にも見られなかった、徳川政権が初めてとった施策である。

奉公年季の制限

そもそも戦国期における武家奉公人は必ずしも年季を定めた奉公関係ではなかった。徒《かち》（侍・若党）・足軽・中間（小者）として知行（給分）・扶持《ふち》の恩給を受け、家臣あるいは軍団の一員として現役中である限り奉公を継続するケースが主流で、そのほか傭兵的に臨時に召し抱えられる場合もあった。長期にしても臨時にしても、いつまで奉公するかは必ずしも約束されておらず、年季についての取り決めを事前に主人との間に交わしていなかったからこそ、武家奉公人たちはより条件の良い主人を求めて無断で立ち退き、それが問題となった。そこで、秀吉政権は奉公に出る時と辞める際のルール（人請けと暇乞《いとまご》い義務）を定めたのであった。

徳川の時代となってしばらくは将軍宣下《せんげ》が天皇より直接行われたため、また朝廷と幕府との力関係を誇示するため将軍や大御所《おおごしょ》がたびたび江戸・駿府《すんぷ》より上洛した。その際には諸大名も大行列を仕立て同行することが求められ、臨時に足軽・中間など武家奉公人が大量に雇われることになる。しかし、すでに召し抱えていた奉公人のなかには上洛のお供勤めは嫌だと暇乞いする者が続出し、そのたびに浪人を生み出した。そうした武家奉公人の需給関係に支障を来さないように徳川政権は奉公人契約を結ぶ際の新ルール、すなわち事前に年季を約束し、途中での暇乞いを禁止するというルールを定めたのである。

ほどなく元和四年（一六一八）正月二〇日、秀忠政権は年季奉公人の出替《でが》わり日を二月二日に公定する（『徳川実紀』）。出替わりとは一季・半季の奉公人が勤め先を入れ替えること、つまり、年季奉公人のいっせい交替を意味した。さらにのち、寛文九年（一六六九）からは三月五日に変更されるが（『御触書寛保集成』）、出替わり日を定めることで、いっそうスムーズな奉公先の変更が可能となった。これら年季奉公人化政策は奉公人一人一人のタイムラグ（浪人期間）を減らすことで、ひいては浪人数そのものを減らそうとする工夫であった。

なぜ三年という区切りを設けたかについては、前掲した慶長六年（一六〇一）、前田利長《としなが》の定書が参考になる。当時、三年を越える人質状況は解消されにくい、元に戻りにくい隷属関係と見なす習俗が存在し、その影響が考えられる（牧英正『雇用の歴史』弘文堂、一九七七年）。なお三年季という制限は、あとで紹介する元和五年一二月一二日の条々で「長年季御停止」に訂正され（『御当家令条』）、さらに寛永二年（一六二五）二月二七日に一〇年季制限へと変わり（『徳川実紀』）、その後の定法《じょうほう》となる。この一〇年季はおそらく、かつて御成敗式目第四一条で定められた奴婢《ぬひ》の「一〇か年期」取得時効がその淵源であろう。年季を定めた奉公人契約を推奨しても二〇年季、三〇年季を認めれば、実質的に二度と解放されない一生涯の奉公を公認することになってしまう。その意味では安良城盛昭《あらきもりあき》氏が論じたように、奉公年季の制限には契約年季明け後に奉公人の請け戻しを保障し、奉公人をもとの「イエ」や村・町へ戻す役割があったといえる。

しかし、奉公年季の制限や出替わり日の公定は一生涯勤め切る、あるいは譜代の奉公契約を違反契約とするところにだけ、その目的があったわけではない。むしろその主たる目的は別のところにあった。年季を定めない奉公契約が生み出す奉公人の突然の暇乞いによって、将軍上洛供奉など大名・旗本の軍役あるいは役勤め上生じる支障を減らすことであり、また、江戸など都市・城下での浪人数を減らして治安の悪化を抑え込むこと、かつ、武家奉公人をはじめとする雇用労働の整然とした需給システムの構築にあったといえる。結果、この徳川政権の年季奉公人化政策によって、年季奉公人契約は出替わり日前後を区切りとする一年季奉公など短年季奉公に淘汰されていく。

元和二年の定書に書き上げられた、そのほかの禁止事項の中身はどのようなものであったか。それは火災現場への立ち入り、負傷者の隠匿、辻立ち、面体《めんてい》隠し、煙草販売のそれぞれ禁止であった。「人売り買い」禁止と年季制限令を除いたこれら箇条は、すでに慶長一八年八月三日、江戸市中に高札で張り出されたことのある内容であった（『武家厳制録』）。このように、そもそも浪人等を対象とする都市への治安対策法に「人売り買い」禁止・年季制限等が付け加えられたという経緯がわかる。

請け人の弁償義務

元和五年（一六一九）二月一〇日、年季奉公人契約に際して請け人（身元保証人）が守らなければならない義務規定および違犯者の量刑が定められ、やはり五か条からなる高札として触れ出された（『武家厳制録』）。

まず、奉公人が年季途中で暇乞いせずに無断で勤め先を欠け落ち（逃亡）した場合は、請け人に捜索義務を課すこと。もし、見つけられなかった時は請け人が前渡し分の「切米《きりまい》（給金）」を弁済するとし、弁済できない場合は「牢舎」処分とすること。また、逃亡した奉公人に「取り替え金」（借用金や雇い主の立て替え）があった場合は請け人がすべて弁償すること。さらに、「公儀御法度」に背いてくり返し奉公先を逃げ出す奉公人がいて、請け人が逃げた奉公人を捜し出せない時は、請け人を死刑に処すとした。

請け人は単に年季奉公人契約を結ぶに際して請け状にて奉公人の身元に問題がないと保証するだけでなく、奉公人が逃亡した場合等に生じる雇い主の損害を一義的に弁償する義務を負うことになった。

譜代と我が子

さらに元和五年（一六一九）一二月二二日、一二か条からなる条々で「人売り買い」禁止と年季制限の違犯者について、その量刑が定められた（『御当家令条』)。

その内容をまとめれば、「人をかどわかし、売り候者」(拉致・誘拐犯)と「人を買い取り、それより先へ売り候者」「人商売」(人商い業者)は基本的に死刑(第一条・第二条)、それのみならず、かどわかし犯・人商い人に「宿」(場所・住居)を提供した者と「口入《くちいれ》」(斡旋・仲介者)も死刑に処す(第五条・第六条)。売買で得た利益は没収、かどわかされ売られた被害者は解放し「本主」へ返すこととされた(第三条・第四条)。

なお、第三条と第六条に注目すべき規定が見える。

一、人売り買い御制禁の上は、あるいは譜代《ふだい》、あるいは我が子たりというとも、売り候あたい程、売り人・買い人双方よりこれを出すべし。すなわち売れ候者は取りはなし、その身の覚悟に任すべき事。

一、人の売り買い口入の儀、かどわかし、売り候時の口入は死罪たるべし。もしまた譜代・我が子以下の口入は、その品をわかち、籠舎《ろうしゃ》または過銭《かせん》たるべき事。

譜代・我が子の売買に関する規定は中世来の「人売り買い」禁止令に見られなかった内容である。これまでの研究では、この条文を根拠にして幕府は譜代・我が子を売ることを禁じた、すなわち人身売買全般を禁止したと理解してきた。しかし、「人売り買い」が人身売買一般を意味するのであるならば、改めて譜代・我が子の売買を問題とする必要はないはずである。日本においいてはそれまで、そしてこれ以降も正当な理由を有し、かつしかるべき手続きを踏んで譜代下人や我が子を売る行為は一貫して「人売り買い」禁止令の処罰対象外であった。であるから、「御制禁」である人商い人が処罰対象ではない譜代・我が子の売買に関与した場合は、売られた譜代・我が子を速やかに解放し、関与者のその分の利益は没収すると明記したにすぎない。また、人商い人への周旋やかどわかし犯への口入れ行為は、それだけで死罪に相当するが、主人・親に頼まれやむをえず譜代・我が子の売買先を口利きをした場合は数段軽い刑罰である「籠舎」＝禁固、「過銭」＝罰金にする、と理解すべきであろう（下重清「幕府法令に見える「奉公人」の再検討」『民衆史研究』二七号、一九八四年）。

むしろ、家内奴隷である譜代と、百姓・町人等の子女を指す我が子とが、本来身分範疇を異にしながら同列に扱われていることの方が重要である。つまり、「イエ」のなか（家長権のもと）では、たやすく売買・質入れされるという側面で、いまだ譜代と我が子は同質とみなされていたことを意味している。

ところで、「人売り買い」禁止に関しては、元和二年令よりもこの元和五年令の方がのちのちまでも基本法（「公儀御法度」）と認識されることになる。一例をあげれば、約一〇〇年後、享保元年（一七一六）に書かれた新井白石の『折たく柴の記』にも、「およそ勾引《かどわか》しせられし者をば、その本主に還《かえ》しつけらるべき由、元和五年一二月の制条分明なり」と参照されている。

て禁じただけではないことがわかる。「浪人」払いや奉公年季の制限、出替わり日の公定、あるいは請け人の義務の明確化など、江戸社会に適合する雇用労働契約、すなわち年季奉公人化に関する一貫性のある政策を推し進めていたといえる。そして、年季奉公人契約は武家奉公に限定されるものではなく、広く町・村への導入も企図されていた。

「奉公人の作法」

こうしてみてくると、秀忠政権は単に「人売り買い」を「公儀御法度」とし

同時に、雇用労働とはいいがたい分野、たとえば遊女や傾城《けいせい》といった女性の遊郭への身売りにも適用を図っていく。次にあげるのは、京都所司代《しょしだい》であった板倉勝重《かつしげ》・重宗《しげむね》父子が元和年間に京都町中へ触れだした法令を、のちに編んだとされる「板倉新式目」のうち第二九条である（『徳川禁令考』）。

一、人売り買いの事、往古より老若男女とも堅く停止也。この旨《むね》に背かば、まず売り手搦《から》め捕らえ闕所《けっしょ》せしめ、速やかに殺害せしむべし。売られ候者は、すなわち親の所へ返すべし。……附《つけたり》、女子傾城・遊女に成るとも、その身・親類合点《がてん》にて金銀取り候においては、奉公人の作法に仕るべし。年月の分限は書物《かきもの》次第たるべき事。

まず、「人売り買い」は「往古より」禁止とある。「往古」を鎌倉期と解釈すれば、当然「人売り買い」は人身売買一般ではなく、かどわかしと人商いを指していることになる。「人売り買

い」禁止の伝統は脈々と受け継がれてきている、と認識している表現が「往古より」である。「売り手（人商い人）」は逮捕、財産没収（「闕所」）のうえ、死刑。「売られ候者（被害者）」と「親」は咎め無し。もちろん、「売り手」と「親」が一致しないことが前提である。

そして付則（「附」）では、理由あって子女を傾城・遊女に売る場合にも「奉公人の作法」を守るよう勧告している。もちろん「奉公人」とは武家奉公人を意味している。その「作法」＝年季奉公人契約のルールとは、①親は当然のこと、本人（「その身」）、および親類の了解・了承を得ること。この本人の了承とはだまされて売られたのではない、つまりかどわかされて売られたのではないことの証明であった。②金銀の授受、すなわち給金（前借金）を定めて契約を取り結ぶこと。③「書物（請け状）」（契約書）を作成し、④年季（「年月の分限」）などの契約内容を書き込み、契約内容を証書として残すこと。さらに条文には見えないが、「奉公人の作法」を守るとあるからには、⑤請け人による身元保証・弁済義務が請け状に明記されなければならなかったはずである。

必要とされた「明白な」身売り

娘質置き証文

戦国期までは確実にあり、合法であった子女の売買や質入れ、あるいはものとして扱われた譜代下人身分の人びとは、徳川政権となってどうなったのか。

先にあげた元和五年（一六一九）の御法度の内容を厳密に検討したところ、譜代下人や子どもの売買を禁止する内容は確認できなかった。むしろ、売買が容認されていなければ条文を正しく理解できない。結論を先取りしていえば、何一つ変わらず、売買は禁止されなかったということである。以下では、徳川政権が人身の売買を禁止したり、譜代下人を否定する法律や政策をとっていなかった点について確認していきたい。

最初に取り上げるのは借金の形《かた》に人身を人質に入れたケースである。中世では人身の質入れには担保として実際に人身を渡す入れ質と、借金手形に名前を書き入れただけの見質《げんじち》の二種類があった。担保契約期間はおおかた半年から数年程度で、元利返済できなかった場合は質流れとなり、債権者に人身の所有権が移るのを常とした。

江戸期に入ると、少し契約内容に変化が見られる。

借用申す銀子《ぎんす》の事

合わせ三十目《もんめ》　内、八匁《もんめ》は請け借りに仕《つかまつ》り候。来る夏三割加えて返弁《へんべん》申すべく候也《なり》。□□（引残か）二十二匁には、我等むすめの小鶴、質に進《しん》じ置き候。粗物《そぶつ》われら着せ候て、もとにて当年より五年目辰《たつ》の年に請け申すべく候。それ過ぎ申し候わば、譜代に進じ候。後日のためよって状件《くだん》の如し。

慶長十七年　　舟尾の四郎右衛門《しろえもん》㊞

子《ね》の閏《うるう》十月十四日　　口入は又十郎㊞

岡本助兵衛《すけべえ》殿

慶長一七年（一六一二）閏一〇月一四日に舟尾《ふなお》村（大阪府堺市）の四郎右衛門が又十郎を口入（周旋人）として岡本助兵衛なる人物より銀三〇匁を借用した際の借用証文である（鹿田文書）。当時の公定換算レートでは金一両（小判一枚）で銀五〇匁との両替であるから、その金額はけっして巨額ともいえない。それでも、その金額すら都合をつけることができなかった四郎右衛門は、代官であろうか名字を名乗る岡本助兵衛から借金した。うち八匁は半年後に利息三〇％を加え返済する約束となっている。残りの借金二二匁の担保は四郎右衛門の娘小鶴であった。足かけ五年、つまり丸四年後に二二匁を返済することで娘を請け戻すことができる取り決めである。中世にも見られた金銭貸借契約における人身の質入れであるが、小鶴を口減らし目的で質入れした可能性も否定はできない。四年後に残る借金を返すことができなければ担保物に相当する小鶴は質流れとなり、小鶴の所有権は債権者である岡本助兵衛に移り、その「譜代」となるとされた。いまだ、質流れによる譜代下人化が許容されている。

四年間にわたる小鶴の従属労働は借金二二匁の利息分に当たる。そして、契約途中での身請《みう》けは予定されていない。見方を変えれば、四年間、銀二二匁の前借りで小鶴は岡本助兵衛の所に住み込み形式で働かされることになったともいえる。寛永年間（一六二四〜四四）以降、このような債務者と債権者との間の人身を担保とする金銭貸借契約は、給金前借りで年季を定め「質置《しちお》き」される者を請け人が雇用主に身元保証する質物《しちもつ》年季奉公契約へと徐々に変質していく（牧英正『近世日本の人身売買の系譜』創文社、一九七〇年）。それは、人身の質入れ（→質流れで譜代下人となる）契約に「奉公人の作法」が導入された結果であろう。年季奉公人契約が一般化するまでの過渡期に見られる契約である。

未進方の人質　大名の改易《かいえき》（知行没収）・転封《てんぽう》（国替え）は豊臣秀吉、それに続く徳川将軍が有した大権の一つであった。江戸時代、大名の城・領地（知行）は将軍から安堵された（預けられた）ものにすぎない。

国持・城主クラスの大名の改易・転封に際しては、速やかに混乱なく城・領地を受け取るために将軍より上使《じょうし》および軍隊が派遣された。その時、上使らに宛てて命じられるのが国替え法度である。上使および城受け取り軍が守るべき注意事項や、それまで城・領地を預かってきた旧主・家臣団に対して通告される命令などからなる。

元和七年（一六二一）正月、三河西尾藩主（二万石）松平成重《なりしげ》が一二〇〇〇石の加増で丹波亀山への転封を拝命した。七月二八日、西尾城受け取りに出向く使番《つかいばん》（旗本）の堀直之《なおゆき》・徳山直政に下知された覚書（国替え法度）の第二条・第三条には、「年貢未進方《みしんかた》に取り使い候男女」の処遇が規定されている（『東武実録』）。これは、未納分の年貢を完納するまで領主・代官のもとに人質となっていた領内百姓「男女」について、国替え先に連れて行ってよいかどうかの判断基準であった。未進方として召し使われてきた人質はその期間によって、①二〇年未満の者は西尾領にとどめ置き、国替え先に連れて行ってはならない。人質先で生まれた子どもがあっても、七歳以下は父母と一緒に置いていくこと。ただし、②二〇年以上未進方として召し使われている者は譜代であるので召し連れていっても構わないとある。未進方で二〇年間以上ほったらかしということは、もとの「イエ」・村に帰る見込みがまったくないのと同然。それまでの現実の従属関係をもとに、その後における譜代下人としての隷属を認めている。これも、その根拠は御成敗式目の「二〇か年季当知行」規定にまでさかのぼるものであろう。
もちろん、未進方ではなく、親・兄弟がはじめから「譜代にくれ候男女」は譜代下人として取り扱い、その処遇は主人の自由であった（第三条）。国替え法度の内容は譜代下人の存在自体が所与の前提となっており、人質二〇年以上＝譜代下人とする規定は、その後の国替え法度においても継承されていく。

「買い助け」の譜代

寛永一八年（一六四一）西日本にはじまった寛永の飢饉は、徳川家光政権による酒造制限・米買い占め禁止等の対策も空しく、翌一九年には凶作・疫病が全国に拡大し、出羽《でわ》・信濃国などでは村を捨て逃散《ちょうさん》する百姓も相次いだ。まだ飢饉の影響が尾を引いている寛永二〇年二月一一日、相模《さがみ》国（神奈川県）の幕府直轄領を管轄する代官成瀬重治《しげはる》・坪井良重《よししげ》から大住《おおすみ》郡・淘綾《ゆるぎ》郡計一五か村に宛てて、廻状でもって次の内容が触れ出された（高橋ゆき所蔵文書）。

……当年中夫食《ぶじき》に詰まり、飢《かつ》えに及び候者在々所々《ざいざいしょしょ》にこれある由《よし》。相対《あいたい》次第に買い筋に致し、以来その者の譜代に致し召し使い仕《つかまつ》り候と江戸御奉行所より仰せ下され候間《あいだ》、飢えに及び候者買い筋譜代に致し申さるべく候。……

まだまだ「夫食（食べ物）」に事欠く飢饉状況が続いており、村を捨て江戸で物乞いする流入民も増えている。一つの対策として、江戸町奉行が飢餓民衆を「相対（本人の合意）」のうえ「買い筋譜代」にするよう推奨されたので、村むらで飢え苦しむ者がいたならば、余裕のある者が買い取って譜代にするようにと勧めている。この勧告の目的は、少しでも余裕のある者による飢民の養助であった。譜代下人を増やすことになっても構わないから、飢え苦しむ者が生き延びるための対策として出されたものである。

この廻状の追而書《おってがき》には、「これは買い助けの者、売買《ばいばい》申す者候とも、年来買い助け申す事はまかりなるまじく候」と付記されている。「売買申す者（人商い業）」は「公儀」御法度として今まで禁止されてきたが、特別に飢饉の間だけ「買い筋譜代」の売買・口入を認め、処罰しないという意味である。江戸に流入してきた飢民を元の村に戻しても生活を立て直せるかどうか確証はない。飢え苦しむ者の近所に引き取って養えるだけ裕福な者がいるとは限らない。飢民を譜代として買い取ってもいいという有徳人《うとくにん》がどこにいるのか村役人だって承知していない。そこで、遠隔地間の需要（有徳人）と供給（飢民）の橋渡し（仲介）＝人商いを容認するという対策であり、あくまで「買い助け」のための特例（時限立法）であった。

縁坐の奴刑

公事方《くじかた》御定書をはじめ、江戸幕府法には奴《やっこ》刑という刑罰が見られる。奴刑には大きく二種類あり、①女性にだけ課された刑罰で、継父母を殺した場合や夫の悪事を訴えた妻などが該当する。犯罪自体は死刑に相当するが、情状酌量して奴とする場合である。また、②特定の大罪に対して、本人はもちろんのこと罪人の家族を縁坐で死刑とする場合、妻・娘を減刑して奴とする場合があった。幕府法令や判例によれば、逆罪（主殺し・親殺し）、あるいは武器輸出や盗品の質入れ、そのほか殺人・かどわかしや放火・博奕《ばくち》打などの罰は、縁坐で妻・娘が奴となる大罪に該当した。その適用範囲はかなり広い（曽根ひろみ「近世日本の刑事法制とジェンダー」『ジェンダーの比較法史学』大阪大学出版会、二〇〇六年）。

この場合の奴は「上《あが》り者」とも呼ばれ、その処遇は主人に隷属する譜代下人そのものであった。とくに、②のケース（縁坐）では同じ「イエ」内の家族でも女性が軽く罰せられたことから、刑事罰における性差の事例と捉えられがちであるが、それは一面的な見方である。たしかに量刑に性差が見られるが、追放刑などではなく奴とするところに意味があったと考えるべきである。奴＝譜代下人には「イエ」を持つことが許されていない。妻という立場のままでは先ざき中継ぎの家長と成りえたし、娘も聟を取ることによって「イエ」の復活を可能にしえた。つまり、奴刑は大罪人の妻・娘から家長代理の資格を奪い取るために、いいかえれば大罪人の「イエ」断絶を、減刑を伴っても合法的に実行する手段の一つとして制度化されたといえる。このように徳川政権の刑法においては、「イエ」を持てない譜代下人の存在を前提に、譜代下人を生み出す量刑があった。

一七世紀中ごろには、「大罪の者の女房」は「婢《はしため》に渡る」と認識されていた。そして、常日ごろ生み出される「上り者」や縁坐による奴は、必要とする部署に下げ渡され召使い下女として生涯労務に従事した。江戸では、所望する幕閣大名に下賜される場合があった。

たとえば、寛文二年（一六六二）一二月二二日、藩主稲葉正則《まさのり》が幕府老中であった小田原藩では、江戸屋敷等で「召し使う」ため江戸町奉行囚獄《しゅうごく》方より「奴両人」を受け取っている（「稲葉日記」）。一人は、下野《しもつけ》国の幕府直轄領上河井村（栃木県那須烏山市）百姓久三郎の元妻で二二歳。もう一人は、同じく鷲宿《わしじゅく》村（さくら市）百姓藤右衛門《とうえもん》の元妻四六歳で妊娠中。後者の奴は、正則の乳母だった「小田原局《つぼね》」に下げ渡されたことがわかっている。局は家中羽原新右衛門《うはらしんえもん》の妻で、夫の死去後、小田原城二の丸御屋形《おやかた》の台所続きに長屋を拝領し生活していた。おそらく身重ながら、端女《はしため》として下働きに従事することになったと考えられる。

「明白な商売」

かつて越後を中心に覇権を争った上杉家は上杉景勝《かげかつ》の代となって、慶長三年（一五九八）陸奥《むつ》会津一二〇万石へ国替えとなっていた。秀吉死去後、五大老の一人として重きをなしたが、関ヶ原の合戦時には西軍石田方に荷担したため、戦後処理により、同六年出羽米沢《よねざわ》三〇万石へ減封《げんぽう》された。それまで米沢は景勝の執政直江兼続《なおえかねつぐ》が城代として預かる所領で、城地が会津から米沢に移ることになった。領知石高は四分の一への減封という厳しい処置であったが、上杉家は家臣団約六〇〇〇名の人数をほとんど減らさず、それぞれの知行高を三分の一に削減することで対応した。

米沢藩では、寛永一四～一六年（一六三七～三九）に領内総検地を実施することになる。これは領知の許容を超えた家臣団を維持するため、藩の財政基盤を領内の農業生産力に求めた結果である。領内の百姓たちから搾《しぼ》れるだけ年貢を搾ろうという政策であった。米沢領一八万石と陸奥国伊達《だて》・信夫《しのぶ》領一二万石で表高《おもてだか》合計三〇万石に対して、検地の結果打ち出された内高《うちだか》は計五一万七〇〇〇石にものぼり、過酷な年貢収奪が領民に対して行われることになった。

検地後には年貢未進の厳禁、未納年貢・諸役は村中による連帯責任での納入（「惣請《そうう》け」）が村むらへ命じられた。まだ、寛永飢饉の兆候は顕著ではなかったが、寛永一八年になると田畑を捨てて米沢藩領外へ逃亡する百姓や、金山掘りや日雇い人足など他領・他国に出稼ぎや渡り奉公に出る者が増加した。そのため六月二日、米沢藩の置賜郡代《おきたまぐんだい》木次左近《きつぎさこん》・近藤五郎左衛門《ごろざえもん》から代官を介して、村むらに他国奉公の禁止、年貢の完納、未進百姓の田畑・家財没収、贅沢の禁止、耕作への専念、代官の申し付け厳守など一七か条からなる掟《おきて》（「条々」）が出された。山形県白鷹《しらたか》町に残る『於新砥萬覚《あらとにおいてよろずおぼえ》』（青木家文書）に記録されている、その掟の第一〇条には「人売り買い」についても注意事項が記されている。

一、他国よりの者に限らず、男女の売り買いこれあらば、その所の代官・肝煎《きもいり》に断り候て、明白に商売すべし。むざと売り引き仕《つかまつ》り、後日に申し分出来《しゅったい》候わば、本値は買い主の損失たるべし。付《つけたり》、質置きの者も右同断の事。

領内の者を相手に百姓「男女」を売り渡す場合はもちろんのこと、他国の人商い人に売り遣わす場合、あるいは借金の形《かた》に人質に出す（質物年季奉公も含め）場合には、管轄する代官と村の肝煎（名主《なぬし》・庄屋）に願い出て、了承・許可を受けて「明白に商売」しなさいとある。すなわち、勝手な、無許可での領民売買（「むざと売り引き」）を禁止し、藩（「公儀」）の監督のもとに売買を統制するのが主眼であった。

また、寛永二〇年一一月二日、米沢藩が伊達・信夫《しのぶ》の給人領に宛てて出した覚書には、「未進方に給人より人質取り候わば、その所の代官へ断り候て取るべし、私《わたくし》に取るべからず」とある。給人は知行地から勝手に未進方の人質を取ってはならない。必ず代官の了承・管理のもとに人質を取ることとある。

年貢や小物成《こものなり》の未納は村中の連帯責任だとはいいながら、経営力の弱い百姓たちが多い所へ厳しい収奪が行われた場合、その互助制度は機能せず、結局は百姓が妻子や自身を人質に出したり売り払ったりすることでしか完納義務を果たしえなかった。そのことをわかっている幕藩領主はたやすく「未進方」の年貢・諸役を免除することなく、その一方で百姓のどの「イエ」にも家長権を保証した。年貢収入の確保という目的のために、領民の売買・質入れを管理・統制下に置くことで、むしろ積極的に公認している。一七世紀中ごろまでは、どこでも見られた領主財政と領民統制の鉄則であった。

「売り切りに売る」

寛永一八〜一九年、置賜地方も大凶作に見舞われ、『於新砥萬覚』にも年貢が払えず身売りした百姓の事例が数多く記録されている。一例として、『於新砥萬覚』の記録者でもある下代官青木吉左衛門《きちざえもん》が、寛永二〇年一一月二〇日に書いた身売り保証書の本文部分を見てみよう。

一、この方中山村彦右衛門《ひこえもん》御公儀負物《おいもの》これあるについて、嫁を売り切りに売り付け候え由《よし》申し付け候。少しも（寺島）喜左衛門《きざえもん》殿より右の女に構いこれなく候。かの（夫）万七に中山村肝煎九左衛門《きゅうざえもん》売り判も見届け、相違《そうい》無く候て買い申さるべく候。

中山村（白鷹町）の百姓彦右衛門が前年の「御公儀（米沢藩）」「負物（年貢未進）」銀三〇匁が払えず、息子万七の嫁を売りたいと願い出てきました。代官寺島喜左衛門殿に許可をもらってありますので、この嫁を売ることに何ら問題はありません。村肝煎の了承もあり「売り判（許可印）」も取ってあります。安心して買ってください、という内容である。結果、この嫁は添川村（山形県飯豊町《いいで》）の百姓に買われることになる。

このように譜代下人の売買・質入れはもちろんのこと、家長や親族の了承、村役人の保証や領主役人の許可、契約書類の作成などの条件が整えられれば、百姓妻子の身売りは公然と行われた。年貢完納といった正当な理由があればなおさらのこと、領主たちは身売りに積極的に関与した。一七世紀前半の社会では、いまだ百姓らの明白な売買を必要としていたのである。

身売りの変性

浸透する奉公人契約

秀吉政権における太閤《たいこう》検地以降の兵農分離政策と、それに続く徳川政権による小農《しょうのう》自立化政策は、戦乱の終焉《しゅうえん》がもたらした平和な社会によって経済成長を導き出した。一七世紀中ごろを過ぎると、治水事業・新田開発による耕作地面積および人口が顕著に増加する。この経済成長がまた年季奉公人契約の浸透を促進することになる。

五人組帳前書

天和《てんな》二年（一六八二）旧越後高田藩領高梨村（新潟県小千谷《おぢや》市）の五人組帳前書《まえがき》を見てみよう（岡村家文書）。越後騒動後の幕府直轄領期のものである。五人組帳の前書には村びとが遵守すべき領主法や心得が書かれてあり、新年の村寄合《むらよりあい》などで毎年村役人が読み上げ聞かせたものである。この前書に、次の一か条が見える。

一、人の売り買い一切仕《つかまつ》るまじく候。ただし、年季者の儀は十ケ年に限り申すべく候。年季・一季《いっき》の者召し抱え候節、男女ともに様子委細相尋《あいたず》ね、何方《いずかた》よりも構いござ無き旨《むね》たしか成る請《う》け人立たせ、手形取り、その上御法度《ごはっと》の宗門にてござ無き段、その者の菩提寺より証文いたさせ召し抱え申すべく候。……

この条文の意図は、かどわかしや人商い業者を介した人身売買を駆逐する一方で、労働力は奉公人契約という所定の手続きを踏んで年季奉公人として召し抱えるよう促している点にある。武家はもちろんのこと町方・農村など、さまざまな労働力の需給関係に一〇年以内の年季奉公人契約を具体的な形で導入しようとしているのがよくわかる。

請け人の役割

奉公人の身元を保証するのが請け人であり、請け人による身元保証を人請《ひとう》けと呼ぶ。秀吉政権が武家奉公人への導入を図り、徳川政権も人請けの義務強制を継承した。どのような人が請け人となったのか。基本的には、奉公人の人主《ひとぬし》にあたる親・家長ではない第三者がならなくてはいけない。同じ「イエ」に暮らす親・家族は請け人になれない。一般的には、一緒に生活していない親類であったり、村役人など地域の有力者や元の主人であったりする。ただし、男性であっても一七歳以下の者、および女性には請け人の資格はない。つまり、女性は人主になれても、請け人にはなれなかった。

請け人を口入《くちいれ》・肝煎《きもいり》と呼ぶこともあるが、厳密にいえば口入・肝煎は奉公先の斡旋・仲介者であり、役割を異にする。なお、江戸などでは早くから人宿《ひとやど》と呼ばれる、おもに武家・町方を対象とする口入業者がおり、人宿が請け人となる場合もみられた。のちに、人宿が判賃・判銭を受け取り、気安く請け人を引き受ける事例が増えて社会問題化することにもなる。

請け人の役割は、①第一に奉公人の身元を保証することにあった。どこの誰か、すなわち○国○郡○村・町の（身分）○兵衛の（続柄）○郎であることと、年齢および健康で前科がないことなど、素性に問題がないことを雇い主に保証した。この人主○兵衛は奉公人の暮らす「イエ」の家長であることが原則であった。

請け人の役割で重要なのが、②奉公人が奉公中に何か問題を起こしたり、雇い主に迷惑をかけた場合の弁償・弁済義務を担保することであった。請け人は人主と並んで連帯保証人の立場にあるが、奉公人本人や人主より請け人が一義的な弁償・弁済の責任を負った。であるから、奉公人同士が互いに請け人となってそれぞれ別々の奉公先と契約を結ぶこと（相《あい》請け）は禁止された。示し合わせて奉公先から欠け落ち（逃亡）した場合に、どちらの契約も弁償・弁済責任者がいなくなってしまうからである。

そして、③請け人は年季奉公人契約の一方の当事者である。契約は人主・請け人と雇い主との間で取り交わすことになり、請け状は人主・請け人から雇い主に宛てて出された。であるから、基本的に奉公人本人は当該契約の当事者ではない。人主・請け人によって保証される客体としての立場にあり、年季奉公人契約における請け状では奉公人自身が署名・捺印する必要はない。

請け状　人主・請け人が作成し雇い主に渡される手形・証文が請け状である。奉公人の身元保証書兼奉公契約書にあたる（西村信雄『身元保証の研究』有斐閣、一九六五年）。どのような内容が請け状に書き込まれたのか。

まず、①奉公人の身元の保証。住所、身分、人主および続柄、名前、年齢のほか、素性に問題のないことが明記された。

②奉公契約の内容の確認。中間《ちゅうげん》奉公であるとか女中奉公であるとか、奉公（労務）の内容が何であるか。いつからいつまでの年季（奉公期間）であるのか。給金（給米）の金額と支給の方法。一年季奉公の場合は契約時に半金を受納し、年季明けの際に残金を受け取るのが一般的であったが、質物《しちもつ》奉公や遊女など身売り奉公では債務として全額前借りで受け取った。さらに、仕着《しき》せ（ユニホーム）の支給や休日の有無などが具体的に記された。

③宗旨《しゅうし》寺請け文言。かならず記されたのが御制禁のキリシタンではないこと。また、何宗何寺を檀那寺《だんなでら》（菩提寺）としているか。宗門《しゅうもん》人別改め制度の全国的施行ののち、宗旨寺請けが必須の記載事項となる。請け状とは別途に寺請け証文（宗旨手形）、すなわち檀那寺による檀家であることの証明書を雇い主に差し出す場合もあった。

④奉公人が公儀（幕府・領主）の法令や奉公先での家法・仕来《しきた》りを遵守することの宣言。

⑤請け人・人主の担保文言。奉公人に関して実親は私だとか、奉公人に金を貸しているとか、

契約後に横合いより権利を主張したり、契約の無効を申し立てるような者がいないことの担保文言（違乱《いらん》担保・追奪担保文言）。もし、そのような契約を阻害する問題が生じた場合には、責任をもって対応に当たることを約束した。また、奉公人が病気・不奉公で奉公継続ができなくなった時に前渡し分給金を返済する約束や、奉公人が欠け落ちした際の捜索義務。さらに、引き負い（借用金・使い込み）や取り逃げ（持ち逃げ）の金品など雇い主に損害を与えた場合の弁済・弁償義務。これらの担保文言を書き加えるのが一般的であった。なお、一義的な担保責任は人主ではなく請け人にあり、幕府法においても請け人が契約に反して捜索義務・弁償義務等を怠った場合は処罰するよう規定されている。

妾奉公

年季奉公人化政策の成果、一七世紀中ごろからさまざまな分野で年季奉公人契約が適用されていく。幕府法や裁許例においても、それまで「下々召仕い《しもじもめしつか》」「男女召仕い」と呼んでいた人びとを、寛文年間（一六六一〜七三）になると「下々奉公人」と呼び方を変えてくる。さらに、天和〜貞享《じょうきょう》年間（一六八一〜八八）には、「妾《めかけ》奉公」「役者奉公」「乳《ち》持《もち》（乳母）奉公」といった表現も見られるようになってくる。

少し後年のものであるが、安永六年（一七七七）、京都町中における妾奉公人請け状を取り上げてみよう（西村大治郎家文書）。

妾奉公人請け状の事

一、このひちと申す者、このたび妾奉公に出《いだ》し申すところ実正《じっしょう》なり。もっとも給銀一か年に銀六枚に相《あい》決め、右のうち只今三枚半請《う》け取り奉《たてまつ》り候。この者出生《しゅっしょう》は京都浄福寺通り今出川上ル町竹屋長兵衛《ちょうべえ》と申す仁（人）の娘にて、先祖よりよく存じ、たしかなる仁の娘にてござ候故《ゆえ》、このたび我ら請け人に相立ち申し候。右奉公人お気に入り申さず、何時《なんとき》によらず御暇《おいとま》遣わされ候わば、右の銀子《ぎんす》日割りをもって、きっと返済仕《つかまつ》るべく候段、御意《ぎょい》に入り幾年《いくねん》御奉公相勤め申し候とも、すなわち手形をもってきっと我ら請け人に相立ち、諸事相弁《わきま》え申し上ぐべく候。

一、御法度《ごはっと》のキリシタン、または武士の浪人の娘にてもござなく候。……

一、この者、金銀は申すに及ばず、取り逃げ・欠け落ち仕り候か、またはいか様《よう》の悪事仕出《しでか》し候とも、本人に関わらず御公儀様へ我らまかり出きっと埒《らち》明け、その方様《ほうさま》へ少しも御難かけ申すまじく候。……

安永六年酉《とり》九月　鞍馬口室町ノ東へ入ル町　請け人　平野屋弥次兵衛《やじへえ》㊞

浄福寺通り今出川上ル町　親　竹屋長兵衛㊞

奉公人　ひち

三条通り衣棚《ころものたな》北町　千切屋吉右衛門《きちえもん》殿

町人竹屋長兵衛の娘ひちが千切屋吉右衛門の妾（愛人）として囲われることになった際の請け

状である。平野屋弥次兵衛が請け人となっている。年季は定めず、給金は一年につき銀六枚（二五八匁《もんめ》＝金四両一分《ぶ》余）で、三枚半（金二両二分余）を前払いで受け取っている。それら身元保証と契約条件のほかに、お決まりの宗旨寺請け文言、公儀法度遵守宣言、諸担保文言が書き加えられ、本人も名を連ねているが印（爪印《つめいん》）は捺されていない。しかし、奉公人請け状としての体裁を整えて書き残すことによって、この妾奉公契約が雇用契約として法律上効力を有することになった。

一七世紀後半には、足軽・中間など軽き武家奉公人をはじめ町方・農村・漁村・鉱山における私的な雇用関係はもちろんのこと、職人の徒弟関係、あるいは労働とはいいがたい遊郭の遊女や宿場の飯盛女《めしもりおんな》（食売女《めしうり》とも書く）、年季契約とは縁遠そうな養子縁組にも奉公人契約が導入されてくる（牧『雇用の歴史』）。

さらには雇い主が個人ではないケース、たとえば非人番・髪結《かみゆい》・町用人・定使《じょうづかい》ら個人と町・村（共同体）との間の労務請け負い契約にも、年季奉公人契約がひろく浸透していく（下重清「奉公人請け状について」『論集中近世の史料と方法』東京堂出版、一九九一年）。

身分制を支える仕組み

年季奉公人という雇用労働契約が浸透し一般化してくる過程で、狭義の町人身分や百姓身分には属さないが、広い意味での都市・農村住民として扱われる年季奉公人層が町・村に出現してくる。つまり、もと住んでいた町・村や実家である

「イエ」、あるいは親と同じ身分・地位に戻らず、つづく次世代でも年季奉公人稼ぎを渡世として続けるという階層が出現してくると、年季奉公人は一時的にとる地位ではなくなり、一つの社会階層となってくる。この年季奉公人層は江戸社会の身分や労働需給に、さまざまな影響を及ぼすことになる。

たとえば元禄年間（一六八八〜一七〇四）の江戸では、武家方・町方を問わず、奉公人の欠落ちや取り逃げが頻発し社会問題化しており、すでに都市住民として奉公人層の形成を措定しうるという（片倉比佐子『元禄の町』東京都、一九八一年）。また、相前後して、町・村の住民台帳である宗門人別改め帳では、「下人《げにん》・下女」とか「奉公人」が町人や百姓身分たる「男」「女」とは別書きとなってくるのも、その現れである。

いわゆる士農工商とえた・非人からなるとされる身分制（「士農工商」世界）は、こうした①年季奉公人契約の一般化のほかに、②住民登録（宗門人別改め）の制度化、③近世的な「イエ」の形成と家長への家父長権の保障など、社会を構造的に支えるいくつかの仕組みによって演出されることになる。そして、それらの仕組みによって、スッキリとした、きわめて明瞭な身分秩序を有する社会であったように見えてくる。

そもそもキリシタンの摘発を目的としてはじまった宗門改めは、島原・天草の一揆《いっき》ののち、幕府直轄領のキリシタン探索を強化するようになってから九州地方を中心に徐々《じょじょ》に浸透しはじめるが、まだ全国に施行されている制度ではなかった。寛文四年（一六六四）徳川家綱政権は大名・旗本に命じて藩・知行所ごとに専任の宗門改め役人を任命し、宗門改めを実施するよう強制した。それ以降、全国規模で町・村ごとに宗門改め・寺請けがなされ、人別帳が作成されるようになる。武家の家中においても親類書《しんるいがき》の提出によって、組・部署ごとに人別把握がなされた。すなわち寛文五年以降、全国統一基準による人別（「士農工商」・えた・非人）把握が可能になるとともに、他方で「帳外れ（無宿）」の制度化もなされてくる。さまざまな理由で、徘徊する人びと（道の者）と都市社会への寄生者（通り者）とが「帳外れ」世界に放出されることによって、一見「士農工商」世界だけからなる身分制社会に見えてくる（下重『稲葉正則とその時代』）。

また武家のみならず、村・町のなかで一軒前と見なされた「イエ」の家長に、幕府はおしなべて家父長権を保障した。おおよそ夫婦かけ向かいに子女・祖父母をふくめた現代の世帯にほぼ等しい家族の家長に、「イエ」に関する権利を授け、義務を負わせた。これによって、手に余り共同体（村・町）や一族・親類といった縁者に見放されても、体制矛盾の発露である諸問題を最終的に「イエ」内で解決できるシステムとした。そうして、手伝い・家事・子育て・介護を家内における不払い労働によって充たすことも、年貢未進《みしん》や債務の弁済を家長の権限のもと妻子を売却することで解消することも、すべて社会的に正当な行為であるとすることができた。娘時分に名前を記されていた女性が結婚すると名前で呼ばれず「○兵衛女房」となり、家長である夫が死んだのちには「○兵衛後家」と呼ばれることも、結婚や養子縁組は家長の意志で決まり、離縁状は夫（現家長）から実家の父兄（元の家長）にあてて出されることも、公儀権力が決めたルールである（下重清「「松の愬《うった》え」の意味するところ」『小田原地方史研究』二一号、二〇〇〇年）。

そして、どれもが江戸時代の社会や身分制を成り立たせていた大事な仕組み・システムの一つであった。政治的・経済的権力の構造や特質をはかるだけでは、さまざまな形で存在した社会的弱者を歴史的に位置づけることはできない。それはまた、所有・生産関係といった経済史研究の手法だけでもって近世の身分制を解き明かすのはむずかしいということでもある。であるから、身分を議論する際には「周縁」「中間」といった表現の使用にも慎重でありたい。

身売り意識の改革

女性だけの身売り

一般的にいって小農の自立とは、有力農民の経営内からの名子《なご》・被官《ひかん》・門屋《かどや》ら隷属民の経営自立や、傍系親族の分家によって達成された。であるから、その前提として草分け百姓の手による積極的な新田開発があり、自立・分家の結果として彼ら有力農民の経営分解を来すことになる。隷属民や傍系親族に請け作させていた地主経営部分は小作契約に転換され、また、譜代《ふだい》下人を労働力として使用した大規模な手作り経営部分は、一部を除いて一七世紀末までにおける縮小・消滅傾向が顕著である。年季奉公人化政策の成果もあって、労働力の需給も人身売買によって譜代下人を手に入れる方法よりは、年季奉公人契約による労働力のみの売買が一般化してくる。

明白な人身の売買が必要とされていても、おおよそ一七世紀末には、幼年者を借金の形《かた》に入れる行為や代官・給人が未進方《みしん》に百姓男女を人質に取る行為、あるいは男性を譜代下人として売買することがほとんど見られなくなる。とくに男性を売ろうにも買ってくれる先（需要）がない。こうして、身売りの対象から男性が外されていく。

一方、女性はどうか。男性同様に人質となったり、売られて譜代の下女となり生産活動に従事するケースは極めて少なくなる。ただし、「売女《ばいた》（売春）」組織への妻娘の身売り（＝遊女に売られること）、すなわち紛れもない人身売買が女性を対象として残存していく。それは単なる人身売買の残滓《ざんし》ではない。新たに姿・形を変えた身売りが遊女奉公・飯盛《めしもり》下女奉公として江戸社会のなかで確固たる位置を占めることであった。身売りの変性は公娼制の編成、すなわち遊郭や飯盛旅籠屋《はたごや》における遊女や飯盛女の売女行為が公儀権力によって公認・黙認され、一方で隠れ売女が禁止され、きびしく取り締まられることになってくる過程と重なる。

しかし、それだけではない。身売りを生み出し続ける供給源の問題が依然として江戸社会の桎《しっ》梏《こく》としてあり、身売りを考えるためにはその分析が欠かせない。遊女になりたくなくとも遊女に売られていく、という構造である。また、需要と供給を仲介する人びと（女衒《ぜげん》）の存在も無視しえない。

公儀権力による年季奉公人化政策が遊女や飯盛女の人身売買性の払拭にはたした役割は想像以上に大きい。

遊女奉公人という表現

天和二年（一六八二）八月、江戸町奉行から江戸および近隣の茶屋へ隠れ売女等を規制する三か条からなる町触《まちぶれ》が出された（『御触書寛保集成』）。

一、江戸中端《はし》ばしに至って、茶屋給仕女は勿論、たとえ妻子たりというとも、一切差し置くべからざる事。

一、茶屋、そのほか何方《いずかた》においても、請け人これなき輩《ともがら》、何者にても一夜の宿も致すまじく候事。

一、町中ならびに所どころ、以前より御法度《ごはっと》の通り、遊女奉公人または預かり者と名付け、遊女商売仕《つかまつ》るべからざる事。

第一条では、茶屋には客に給仕・接待する女性をおいてはいけないとある。煮売《にうり》茶屋・水茶屋・芝居茶屋など、あくまで喫茶・食事のため休憩する施設である茶屋での女性による接待は無用とする。第二条、茶屋は旅籠屋とは異なり宿泊施設ではないので客を泊めてはならない。茶屋に限らず、見知らぬ者、身元保証人のない者、すなわちあやしい者を一夜であっても宿泊させてはならないということであるが、この場合は、のちに流行《はや》る出合い茶屋での密会男女への宿泊場所提供禁止を意味している。

そして第三条では、江戸町中では公許の吉原（新吉原）、黙認されていた四宿（品川・内藤新宿・板橋・千住）の飯盛旅籠屋以外での売女は御法度であるから、「遊女奉公人」「預かり者」などと名付けた女性を召し抱えて「遊女商売（売春）」をしてはならないとある。もちろん江戸市中に隠れ売女を禁止したのは、この時が最初ではない。

ここで注目したいのは「遊女奉公人」という表記である。これは、それまで「奉公人の作法」の導入を標榜しながら「傾城《けいせい》」「遊女」と呼び捨てにしていた公儀権力が、遅ればせながらはじめて遊女を奉公人と認めた瞬間であった。時は五代将軍綱吉の時代で、その初政期（いわゆる「天和の治《ち》」）に相当するが、いまだ家綱政権の幕閣が引き続き老中政治を展開していた時期にあたる。

「売る」から「奉公に出す」へ

この政権側の意識改革は、明暦三年（一六五七）から元禄一二年（一六九九）までの江戸町奉行所における裁許例（判例）九七四件を分類・編纂した『御仕置《おしおき》裁許帳』でも確認できる。

まず、延宝八年（一六八〇）閏《うるう》八月二五日に出された判例を見てみよう。

一人、金左衛門《きんざえもん》　これは芝金杉中通二丁目甚左衛門店《じんざえもんたな》の者。この者、女房ひさと申す者を、新吉原境町権兵衛《ごんべえ》後家方へ遊女に売り候につき、女房の叔父三田町四丁目八郎右衛門《はちろうえもん》店山伏三覚と申す者訴訟申し出《いで》るにつき、今日召し寄せ、穿鑿《せんさく》のところ、女房を遊女に売り候不届き故《ゆえ》、評定所《ひょうじょうしょ》より牢舎。
右の者、酉《とり》（天和元年・一六八一）二月六日牢死。
一人、女ひさ　これは新吉原境町権兵衛後家抱えの女、右同断。この者夫と相対《あいたい》致し遊女に売られ候。不届き者なる故、評定所より牢舎。
右の者、同申《さる》（延宝八年）十月十四日赦免。

芝金杉（港区）に住む店借《たながり》（借家人）金左衛門が女房ひさを新吉原境町（台東区）で遊郭を営業する権兵衛後家方に「遊女に売」ったところ、ひさの叔父で三田町（港区）に暮らす山伏の三覚が訴え出た。嫁いだと思ったら程なく遊女に売られてしまった、姪を遊女にするために嫁に出したのではない、というのが訴えた理由であろう。取り調べたところ女房ひさも納得ずく（「夫と相対《あいたい》」）であったことが判明し、評定所での審議に掛けて夫婦ともに「不届き」として「牢舎」処分となった。この場合の「牢舎」は懲戒の意味を込めた暫時の入牢処分で、反省したところで「赦免」となるのが通例であった。女房ひさは二か月で解放されたが、夫金左衛門の方は半年後に牢死してしまった事例である。

つづいて、貞享元年（一六八四）三月九日付の判例を見てみよう。

一人、長五郎　これは新吉原新町の者。この者方へ芝西応寺町長左衛門《ちょうざえもん》店権右衛門《ごんえもん》娘ふくを、増上寺片町七兵衛《しちべえ》店三十郎請けに立ち、浅草田町仁兵衛《にへえ》店五兵衛《ごへえ》・太兵衛《たへえ》肝煎にて、この者方へ十五年季に遊女奉公に出《いだ》し置き候。もちろん右年のうち、五年は介抱仕《つかまつ》り候と書き入れ候えども、畢竟《ひっきょう》十五年の約束に候らえば、御法度に相背き、永年季に召し抱え候段不届きに候。女ふくは実母芝一丁目忠左衛門《ちゅうざえもん》店加兵衛《かへえ》出居衆《でいしゅう》はる方へ取らせ、権右衛門は養子を遊女奉公に出し、段々《だんだん》不届きにつき、牢舎申し付け、身代金《みのしろきん》四両は請け人三十郎、肝煎五兵衛・太兵衛三人の者ども出し候様《よう》に申し付け、この者義は永年季に召し抱え置き候の段不届きにつき、牢舎。

芝西応寺町（港区）の店借権右衛門が養女のふくを新吉原新町の遊女屋長五郎へ一五年季の契約で「遊女奉公に出し」た事例である。そのことは実母のはるも知らなかった。巧妙に一五年季のうち五年分は「介抱（面倒を見る）」＝遊女奉公はさせないという但し書き付きの奉公契約であったが、もちろん一〇年季制限違反（「御法度」）に相当した。ふくは実母へ返し、身代金四両は請け人と肝煎《きもいり》（女衒）らから没収、養父権右衛門と遊女屋長五郎の二人は「不届き」処分で牢舎となった。ちなみに、のち遊女屋長五郎は親類・五人組の歎願により二か月後に「赦免」となり、養父権右衛門も前将軍家綱生母宝樹院三三回遠忌《えんき》の特赦で九か月後に「赦免」となる。

ここで注目したいのは両判例の罪状と量刑ではない。女房ひさと養女ふくがともに新吉原の遊女となったという事実を、前者は「遊女に売る」、後者は「遊女奉公に出る」と表現していることである。たまたまではない。明らかに先の天和二年の町触の前後で表現が変化しており、それはほかの判例でも確認できる。つまり、遊女や飯盛女になることは、親・夫が娘・妻を売り払った結果ではなく、遊女あるいは飯盛下女という奉公に出すことを意味するようになったということである。これは大きな意識改革であった。

こうして身売りは女性が遊女・飯盛下女奉公に出ることだけを意味することになった。年季奉公人契約を装っているが、内実は、年貢未進や借金を弁済する手っ取り早い手段として、女性が「イエ」や親・夫の犠牲となって売女産業に売られて行くことそのものである。これ以降、身売りは男女・老若・身分を問わない人身売買一般ではなく、若年の女性のみが遊女屋に売られ、売女を強要され、利益を貪欲に搾取されることを指すこととなる。

身売り奉公のカラクリ

遊女の売女

江戸時代に制度化された身売り奉公の担い手は遊女や飯盛女《めしもりおんな》など売女《ばいた》を生業とする女性たちである。当時、生業としての売女稼業（売春）は大きく三種類に分けられていた（曽根ひろみ『娼婦と近世社会』吉川弘文館、二〇〇三年）。

まず、①公認の売女。これは遊郭の遊女・傾城で狭義の公娼に相当する。実質は身売りであったが、名目上は遊女奉公人契約を結んで遊女屋に雇われる形をとった。遊郭は全国に二十数か所、幕府が公許した直轄都市や城下町に置かれた。ただし、どこでも売女営業ができたのではない。江戸であれば吉原（のち新吉原）、京都ならば島原、長崎では丸山など、特定の場所（遊郭街）での営業に限定された。遊女も郭《くるわ》外への出入りを制限された。その代わり、遊郭街に何軒遊女屋を置こうが、遊女を何人抱えようと自由であった。また、遊郭の遊女には遊客を魅了する贅沢な衣装や華美で豪華な装飾品、あるいは見世張《みせは》りなど独特のしきたりが許された。

そして、②黙認の売女。これは宿場女郎とも呼ばれた飯盛女（食売女と公称）や湊町の洗濯女・茶立女たちである。宿場・湊町・門前町の賑わいを目的として旅籠屋《はたごや》での売女営業を願い出て認可された。宿場町が疲弊すると宿場住人（町人）が義務として務めなければならない伝馬《てんま》・人足役に支障を来すので、街道・航路の公用輸送制度の維持のために特別に認可された。であるから、あくまで宿場・湊町において旅籠屋の召し使う下女（女中）が宿泊客に提供するサービスの延長線上での売女稼業を黙認するというスタンスであった。もちろん飯盛女たちは遊女同様に飯盛旅籠屋に身売りしたのであるが、名目上はやはり飯盛下女奉公人契約を結んで雇われる形を取った。

飯盛女の売女

宿場の飯盛女と遊郭の遊女との基本的な違いは、遊女のような華美な衣装・装身具や振る舞い・営業が禁止された点である。そしてもう一つ、飯盛旅籠屋の総軒数と旅籠屋が抱える飯盛女の人数、営業時間等にはそれぞれ制限があった。延宝六年（一六七八）一一月、幕府は茶屋（飯盛旅籠屋）一軒につき給仕女（飯盛女）は二名まで、商売（売女稼ぎ）は明け六ツ（午前六時）から暮れ六ツ（午後六時）までの日中に制限した（『御触書寛保集成』）。であるから、飯盛女の過人数や「遊女まがい」の売女稼ぎは取り締まりの対象とされた。

隠れ売女

残る一つは、③制禁の売女である。①②以外は隠れ売女として取り締まりの対象となった。遊郭や飯盛旅籠屋が存在したからといって、江戸時代に売女稼ぎがどこでも自由であったわけではない。

たとえば江戸では明暦三年（一六五七）六月、吉原の堺町東側（中央区）から浅草寺裏《せんそうじ》（台東区）への移転直前、それまで市中で黙認していた湯女《ゆな》風呂での売女サービスを禁止し一斉摘発した。一般的には同年正月の明暦大火をきっかけとする新吉原への移転と説明されるが、そうではない。すでに前年、家綱政権は吉原の移転と湯女風呂の一掃を計画しており、大火でスムーズにことが運んだだけにすぎない。これは江戸で社会問題となっていた「かぶき者・あたけ者（いたずら者）」対策でもあった。承応《じょうおう》年間（一六五二～五五）から若き旗本・御家人・大名家臣のなかには浪人者を巻き込んで湯女風呂で博奕《ばくち》を催し、たびたび町人との刃傷《にんじょう》沙汰へと発展し問題となっていたのである（下重『稲葉正則とその時代』）。新吉原への移転後も、江戸町奉行所は市中の隠れ売女をいく度となく取り締まり、逮捕された私娼たちは刑罰として新吉原に送り込まれた。

身売り奉公人契約

売女が公認された遊女や黙認された飯盛女は、どのような内容の年季奉公人契約を結んで遊女屋や飯盛旅籠屋に売られていったのであろうか。

本来は、年季が明けると契約書である請け状は雇い主から本人（人主・請け人）側へ返却されるのが一般的であった。それでもいくつかの理由から彼女らの請け状が残存し、彼女らの置かれていた境遇を物語る史料として、これまでも研究対象とされ分析されてきた（牧『近世日本の人身売買の系譜』など）。先行研究に学びながら、それら請け状に書かれた契約内容の分析を通じて、身売り奉公の特徴を以下で再検討してみよう。

まず、年季奉公人契約を装っている以上、遊女・飯盛女の請け状にも、そのベース部分は一般の年季奉公人請け状と同じ機能（内容）が備わっている。すでに述べたように、奉公人（遊女・飯盛女）の身元の保証、奉公内容・雇用条件の確認、宗旨寺請け文言、請け人・人主の担保文言は必ず記載されている。

そのうち奉公内容の確認では、年季（奉公期間）について公定の出替わり日を無視して設定されるケースが大半であった。売る側の都合によるからである。また、給金を身代金と称し、全額前払いで高額な場合もあった点など、そのほかの年季奉公人請け状と相違している部分がある。といって、必ずしも年季の長さと給金の額はパラレルな関係にない。それでも、それぞれ雇用条件を請け状に明記するという原則は守られている。場合により、飯盛女には仕着せ《しき》（ユニホーム）支給の記載があるのに対して、遊女ではその記載はまったく見られない。また、ともに休日の有無については記載されていないことが多い。

請け人や人主が負う義務について担保する文言についても同じく明記されている。「この者につき、親・兄弟は申すに及ばず、名付けの夫、先の主人などと申し、脇より違乱《いらん》、奉公の妨げを申す者一人もござなく候」「もし出入りがましき儀出来《しゅったい》候わば、何時もわれわれ承り申すべく候」といった違乱担保・追奪担保文言は必ず記載されている。「もしこの者、取り逃げ・欠け落ちいたし候わば、早速尋ね出し、取り逃げの品相違《そうい》無く相弁《あいわきま》え申すべく候」といった捜索義務、損害の弁償義務も約束されている。

権限の委譲

身売り奉公は一般の年季奉公人契約や質物奉公人契約と顕著に相違する特徴がいくつか見られる。まず、彼女らの親権・夫権に干渉し、その人権的法益について処分しえる人法的支配権、わかりやすくいえば家長権を人主から雇い主へ委譲している点である（中田薫『法制史論集』三巻、岩波書店、一九四三年）。本来、奉公中であっても人主（家長）として奉公人の親・主人が保持していた権限である。

たとえば、①「無作法、不行届《ふゆきどど》きの儀仕り候わば、いかようの品々《しなじな》意見・折檻《せっかん》なさるべく候」といった懲戒・懲罰権を雇い主に認める場合が見られる。とはいうものの、江戸社会においては懲罰と虐待との線引きはむずかしい。

②「御勝手に合い申さず候わば、何国何方《いずかた》にても、右同躰《どうてい》の奉公（遊女奉公）は申すに及ばず、何奉公になりとも御譲り替えなされ、その給金多少に限らず残らず其元《そこもと》殿へ御引き取りなるべく候」といった住み替え（鞍替え）権の委譲については、ほとんどの身売り奉公人請け状に記載されている。つまり、年季の途中であっても遊女屋らが人主に代わって彼女らをほかの遊女屋等

へ転売しえる権利である。その際に、多額の身代金を人主・本人に渡さず全額受領しようとも構わないという但し書きまで付けられている。一般の年季奉公人契約では、雇用先の変更は雇用主にはできない。そもそも住み替えは人身の転売、すなわち「人売り買い」禁止令に抵触する行為である。

また、③「誰人によらず女房か、あるいは妾《めかけ》等にも仕りたき由《よし》にて身請《みう》け望み申す仁《ひと》ござ候わば、この方へ御届けに及ばず、相対《あいたい》にて遣わされ、その礼物《れいもつ》として金銀何程御取りなられ候とも、これまた少しも構いござなく候」と、身請け・縁付けの権利を雇い主に委譲するケースも見られる。娘を嫁に出したり、息子を養子に出したりできるのは家長にだけに認められた権利であるが、これも無条件で遊女屋・飯盛旅籠屋に渡している。

④「万一、奉公人病死・頓死《とんし》、または不慮に相果て候とも、双方相互いの不仕合《ふしあ》わせに候えば、よろしくその所の御作法通り御取り置き下さるべく候」といった死去後の処置について、あらかじめ雇い主にすべて任せることを確認する文言も見られる。一般の奉公人請け状で、もし死去後の処置について事前に約束する場合には、死骸を引き取り雇い主には迷惑をかけないと記載するのが普通であり、奉公人の死後の処置も基本的には家長の権限に属した。この文言は親元を遠く離れた身売り奉公の場合によく見られ、遊女等に売ったからには再び元の「イエ」に戻ってくることはないかもしれないという前提で書かれている。

これらの点は、「我ら娘（妹・姪）〇〇」という定型化した請け状本文の書き出しにも見て取れる。請け人が主体となって奉公人の身元を保証し、契約条件・担保内容を確認するという性格が強い一般の年季奉公人請け状では見られない表現である。この表現には、人主（親・兄ら）が娘・妹を身売り奉公に出すという意識が強く働いている。

一方で、契約内容からその人身売買的要素を極力消去しようとしている点も顕著な特徴である。

大義名分の付与

たとえば、①農村から売られてきた場合に顕著なのは、「当（今年の）御年貢上納に差し詰まり」といった常套句化した奉公に出す理由を明記している点である。百姓の年貢完納義務を逆手にとって、身売りに倫理的な大義名分（正当性）を付与しようとしている。人主が百姓でない場合でも、「親・請け人たって御頼み申し入れ候所、御承引なしくだされ」とか、「身上《しんしょう》不如意に相成り」「このたび拠《よ》ん所無く金子《きんす》要用ござ候につき」なども同様で、どうしても娘・妹らを身売りせざるをえない人主の理由について、ことさらそれらしく書き上げているケースが多い。

また、②「当人得心《とくしん》のうえ」という本人の承諾文言もよく用いられている。これは無理やり、あるいはだまされて売られた、すなわちかどわかされて売られたのではないという確認の文言である。あわせて、親を助けるため、「イエ」を潰さないために彼女らが犠牲となって身売りするんだという意識をも見て取れる。つまり、「孝」という儒教的名分を援用することで、身売りに倫理的正当性を付加しようとする文言である。
雇い主が人主に代わって住み替えさせることができると明記することで、彼女らを遊女・飯盛女として買い取り、ほかの遊女屋・飯盛旅籠屋へ転売する行為を「人売り買い」行為には相当しないと擬装している点も同様である。違法性を払拭しようとする作為的な契約内容である。

義務の転嫁

身売り奉公の特徴はそれだけではない。つまり、遊女屋や飯盛旅籠屋など雇い主たちは、掃いて捨てるほど供給があるわけではない遊女・飯盛女たちを有期の年季奉公人契約で雇っておいて、契約年季より長く召し抱えておくためのカラクリを契約のなかに仕組んでいくのである。

それは、損害賠償等の約定《やくじょう》において、本来は連帯保証人たる請け人や契約の当事者である人主が負うべき弁済・弁償義務の大半を彼女ら奉公人自身に転嫁・一元化している点である。この点は、これまで見過ごされてきたが、身売り奉公にしか見られない特徴である（下重清「食売女奉公形態にみる借財について」『早稲田大学大学院文学研究科紀要』別冊一五〈哲学・史学編〉、一九八九年）。

そのためにまず、①「年季中、私用に出歩き申すまじく候」「たとえ両親病気たりとも一夜の暇《いとま》乞《ご》いも申すまじく候」というように、彼女らの私用外出を禁止・制限した。そして、基本的に休日を与えない。「丸三か年（年季）、引き日（休日）なし」と明記されることもあった。すなわち、生理的に売女稼ぎが不可能であるにもかかわらず休日をとることを許されなかったということである。稼ぎを休むことは雇い主に営業損失を与えることになる。であるから、生理休業であっても「心得違いの筋をもって不勤め仕り候わば、その日数定め年季外に勤め増し仕るべく候」と、彼女たちの年季延長によって強制的に補塡される仕組みとなっていた。

②年季中における奉公人の引き負い（借用金）・取り替え金（雇い主の立て替え）は、本来は年季明け時に請け人らが弁済して身請けさせるのが一般的であった。身売り奉公の場合でも、「年季明け候節、引負い・借金等これあり候わば、所の作法の通り相済まし候て召し連れ帰り申すべく候」と、請け人・人主側が弁済することを約束しているケースもないことはない。しかし大方は、「年季中に御取り替え銀等出来《しゅったい》仕り、返済相滞り候わば、銀高に応じ増し年相勤め候儀は兼ねて承知まかりあり候」と、彼女らの年季の延長で済まされた。ということは、売女稼ぎに不可分な衣装や寝具・化粧品など諸経費はすべて彼女らの自弁であったから、それら自己負担分は雇い主への新たな借金となった。もちろん、パトロン（檀越《だんおつ》）でもいてくれれば問題はなかったが、そんな遊女はほんの一握りである。食事は一日二食までとされた途端、空腹を満たす夜食が借金の追加となった。

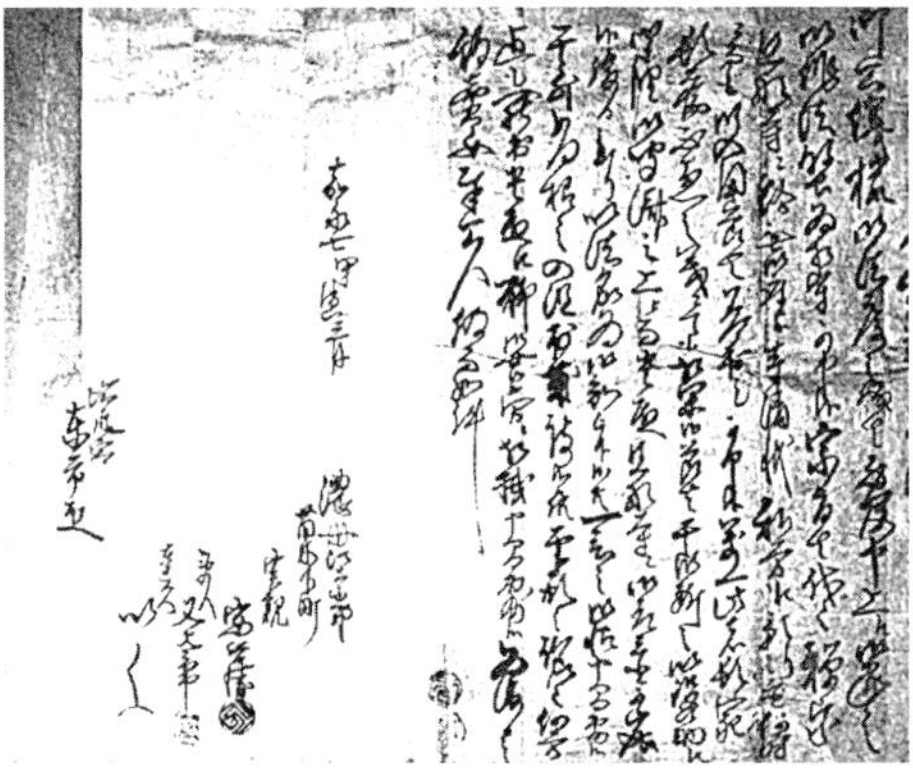

図6　奉公人も爪印を捺した飯盛女奉公人請け状（部分，長野県松本城管理事務所蔵　寺島家文書）

奉公人も契約当事者

休業分の弁償や必要経費の借用など、身売り奉公でははじめから意図的に債務が発生する契約となっており、そうした追加債務が必然的に奉公人の年季を延長させた。であるから、身売り奉公の最初の契約年季が年季制限令にひっかかる永年季である必要はなかったのである。彼女らが一年、二年の勤めだから、しばらくの辛抱と思って身を投じたつもりでも、借りた前借金が減るどころか増える一方で、お払い箱になるまで苦界《くがい》から逃げ出せないシステムなのであった。高額な身代金の割に年季が短いといったことなどは、じつによくある話であった。

そのためにも、身売り奉公人の請け状では、一般の年季奉公人請け状では絶対に契約当事者とはならない、すなわち人主・請け人によって保証・担保される対象であるはずの奉公人自身が契約当事者として連署・請け印（爪印）する必要があった。彼女らは、自分で自分を担保したのである。とんでもないカラクリである。

さて、借金は減らない、年季はズルズル延びるといっても彼女らが一生涯売女営業ができるわけでもない。客の付かない借金まみれの彼女らを遊女・飯盛女としていつまでも抱えておくわけにもいかない。どうするか。年季明けが来ようが来まいが、彼ら雇い主は転売権を行使し、人主となって鞍替え先の新雇い主から身代金を調達するのである。つまり、遊女屋・飯盛旅籠屋や口入（女衒）たちは、彼女らの労働（売女稼ぎ）に起因する利益だけを搾取していたのではない。じつは、転売することでも大きな経済的利得を享受していたのである。であるから、そのためにも住み替え権委譲を忘れずに請け状に明記しておく必要があった。

身売りはなぜ無くならなかったのか

遊郭の遊女や宿場の飯盛女は、なぜ公儀権力によって公認・黙認されたのか。なぜ、遊女や飯盛女の売女稼ぎがなくならなかったのか。

この根本的な問題について、いまだに江戸や城下町における男女人口比の不均衡から説明されることがあるが、ほとんど説明理由とはならない説である。男女の人口に極端に差があった場合、一部の女性は売春婦にならなくてはならないという論理がまかり通るはずがない。買う側の視点しか眼中にない説である。身分差別や弱者差別が必要であった時代の近世人がいうのならまだしも、現代の研究者が採る説ではない。

江戸文化のオピニオン・リーダーとして担った役割から説く遊女文化論、あるいは女性史やジェンダー論からその理由を探ろうとする議論もある。セックスを提供する以外に、多少なりとも社会に必要とされていたという「必要悪」説である。たとえば、違法な隠れ売女を取り締まる法的根拠として、あるいは犯罪者や通り者（無宿・帳外れ）を誘うエサとして必要だったともいわれる。それは隠れ売女を含め犯罪を未然に防止したり、犯人検挙に寄与した面を評価するのであるが、当時の治安警察力を補う口実、一手段にすぎない。また、飯盛旅籠屋の売女営業益から刎《はね》銭《せん》（税金）を徴収し、宿財政に組み込むことで宿場・町場の振興・繁栄に寄与したという見方もある。どれも売女稼ぎを利用する側の論理であり、一面的な見方であろう。

やはり理由は売る側、すなわち身売り奉公に出す側から説明されなければならない。百姓の年貢未進であるとか、さまざまな債務を「イエ」内で解決するために身売りは必要とされたのである。つまり、幕藩体制社会とか領主経済を根底のところで支える仕組みの一つであり、そのために身売り（女性の性商品化）を温存する必要性があった。さらに、その仕組みを維持するために、どんな貧しい「イエ」の父ちゃんにも娘を売ってもよいという御墨付き（家長権）を保証した。さらに、年季奉公人契約にすることで身売りに雇用労働としての法的な正当性を与え、あまつさえ「イエ」のためという「孝」倫理でもってカモフラージュした。そうした社会の仕組みは幕藩権力が用意したものである。取りも直さず、まずは彼女らが遊女屋や飯盛旅籠屋の見世《みせ》先に商品として並ぶ前、そこまでに至る段階の江戸社会に目を向けてみる必要があろう。

「人売り買う者の法」

さまざまな分野への年季奉公人契約の浸透は、かえって永年季禁止や一〇年季制限があると困る社会状況を生み出すこととなった。年季制限令の機能不全を受けて、公儀権力も政策の軌道修正を図らざるをえなくなっていく。

忠孝札の年季制限

天和二年（一六八二）五月、徳川綱吉政権が「天和の治」の一環として、全国に高札《こうさつ》で掲げさせた忠孝札《ふだ》の第七条を見てみよう（『御当家令条』）。

一、人売り買い堅くこれを停止《ちようじ》せしむ。ならびに年季に召し仕《つか》う下人《げにん》（奉公人）男女ともに十ケ年を限るべし。その定《さだめ》を過ぎれば、罪科たるべき事。

付《つけたり》、譜代《ふだい》の家人《けにん》、またはその所に往き来たる輩《ともがら》、他所《よそ》へ相《あい》越しありつき、妻子をも所持せしめ、その上科《とが》無きものを呼び返すべからざる事。

「人売り買い」の禁止と一〇か年の年季制限を確認したうえで、付則《ふそく》において、譜代の召使いや年季奉公人として他所へ稼ぎに出ている者であっても、その所で家族を持ち、法に背く行為・生業をしていないならば呼び返す必要はないと断っている。年季奉公人生活層は、すでに一つの社会階層を形成しつつあり、そのことを前提として付け加えられた付則である。年季明け時に元の「イエ」・住所に戻らせるという年季制限の目的の一つが、綱吉政権によってここに断念された。

そもそも、技術の伝承を基本とする職人の徒弟奉公や商業慣行・経験の取得を必要とする商家の丁稚《でっち》奉公には年季の制限が無用であった。一人前の職人としての一本立ちや暖簾《のれん》分けしてもらい一軒前の商人となるのを左右したのは、予め決められた年季などではなく、奉公人の資質・才能や努力の結果であったはずである。

また、身売り奉公では年季奉公人契約とは名ばかりで、年季明け時に約束通りに請け戻されることは極めて稀であった。契約年季が一〇年以内であっても、本来あってはならない年季の延長が常態化しつつあった。遊女や飯盛女への身売りを必要とする社会背景、それを追認せざるをえない公儀権力によって、身売り奉公は年季奉公人化政策の本来の意図から外れる実態を呈していた。

元禄一一年（一六九八）一二月、とうとう綱吉政権は年季制限を撤廃する（『御触書寛保集成』）。

一、永代に召し抱える下々《しもじも》の男女、ならびに永年季奉公、前々より御制禁たるといえども、延宝三卯《う》年諸国洪水・不作につき免許の上は、卯年召し抱え候は、人売り買いならびに年季背《そむ》きになるまじき事。

一、奉公人の年季、前々より十年を限り候所《ところ》、向後は年季の限りこれ無く、譜代に召し仕《つか》い候とも、相対《あいたい》次第たるべく候間《あいだ》、その旨《むね》存ずべく候。

寛永飢饉の時と同様に、延宝三年（一六七五）、家綱政権が時限立法としての買い助け譜代を許可したことがあった。その前年の延宝二年、西日本・畿内・中部地域では相次ぐ暴風雨によって各地で大洪水が発生し、翌延宝三年、家綱政権は救済活動を展開する。東海道・中山道《なかせんどう》の公定人馬賃銭の値上げ、江戸への流入困窮民のための施行《せぎょう》小屋の設置、窮乏する大名・旗本への貸し付け金など諸政策の一環として、「諸民困窮」への対処策として「永年季」および「譜代に差し置き」を許可した。当然、同年以外の永年季奉公は年季制限令違反として御制禁としてきた。しかし、「向後」は一〇年季制限を撤廃するので、永年季・譜代の約束で奉公契約を結んでも処罰しないとした。

年季制限の撤廃

確認すべきは、年季の制限がなくなったからといって、年季奉公人契約のルールを守らなくてもよくなったのではない。あくまで年季を定めた奉公人契約を取り結んで奉公人を雇わなくてはならない。その年季が一五年季でも二〇年季であっても構わない、と変更されたにすぎない。なお、延宝三年の買い助け譜代許可は元禄一一年の年季制限撤廃の理由ではない。困窮民が生き延びるために永年季および人商いを時限で許可した点の確認、むしろそれ以外は「御制禁」としてきた点の再確認と解釈すべきである。

撤廃の理由

理由は、年季制限自体が江戸社会において機能不全を起こしていた点にあった。元禄年間（一六八八〜一七〇四）になって、年季の制限をそのままに放置しておくことができなくなったということである。大平祐一氏は、そのことを裏付ける「評定所書《ひょうじょうしょかき》抜《ぬき》」を見つけ出した。農村部や都市部における困窮民が借金や口減らしのために、幼少の女子を永年季奉公、とりわけ「勤め（遊女・飯盛女）」奉公に公然と出せるようにするため、元禄一一年に法改正がなされたという（大平祐一「近世日本における雇用法の転換」『立命館法学』二三二・二三二号、一九九四年）。

つまり、年端もいかない幼女を、将来を見越して遊女・飯盛女に身売りできるようにするため法改正したのであった。こうして公儀権力は、この女性だけの身売りを正当化するために屋上屋を重ねていくことになる。

親子兄弟札の「人売り買い」

正徳元年（一七一一）五月、新将軍徳川家宣《いえのぶ》は宝永から正徳への改元にあわせて、それまで全国で掲げられていた大高札五枚を書き替えるが、そのうちの一枚、忠孝札の内容をよりわかりやすくしたのが親子兄弟札《ふだ》である。その第九条を見てみよう（『御触書寛保集成』）。

一、人売り買い堅く停止す。ただし男女の下人（奉公人）、あるいは永年季、あるいは譜代に召し置く事は相対に任すべき事。

付、譜代の下人、またはその所に往き来たる輩、他所《よそ》へまかり越し、妻子をも持ち、ありつき候者呼び返すべからず。ただし罪科ある者は制外の事。

年季の制限はなくなっても、「人売り買い」禁止令は依然として有効であった。江戸幕府が元和年間（一六一五～二四）に定めた「人売り買い」禁止令をすべての人身売買を禁止した法令と解釈してきたこれまでの見解では、元禄一一年（一六九八）に年季の制限がなくなり、永年季が可能となったことで、人身売買禁令は内実を伴わない骨抜き法になったとか、この時点で禁止の重点が勾引《かどわか》し売りや人商売の禁止へ移行したと理解してきた。ともに無理のある解釈である。

みてきたように、禁止された「人売り買い」は一貫してかどわかしと不法な人商い業であった。当然、元禄一一年以降も禁止され続けた「人売り買い」の対象も基本的にその二つであり、親子兄弟札における「人売り買い」の対象もその二つである。中世～近世を通じて、主人が譜代下人を、親が子女を売買することを禁止したことはない。そのことは、『御仕置裁許帳《おしおきさいきょちょう》』の判例が証明してくれる。つまり、その後の裁許の指針となった基本判例中に、親が娘を遊女に売っただけで、主人が譜代下人を売り払ったということだけで処罰された判例は一つも収録されていない。

新井白石の理解

その点は、享保元年（一七一六）にできあがったとされる新井白石の自叙伝『折たく柴の記』をみるとよくわかる。徳川家宣《いえのぶ》・家継《いえつぐ》政権期のブレーンであった白石が関与した評定所《ひょうじょうしょ》での判決（かどわかし一件）について記している。

ことの発端は正徳元年（一七一一）の冬、東海道品川宿（東京都品川区）の旅籠屋扇屋の主道寿《どうじゅ》が召使いの喜兵衛《きへえ》に金二〇両を持たせて「下部《しもべ》の女」を買ってくるように命じたことだった。喜兵衛はここかしこを物色して、ついに紀伊《きい》国牟婁《むろ》郡船津村（和歌山県日高川町）で娘二人を持つ貧しい夫婦を見つける。娘を自分の主人に預けたら親子で暮らしていけるとだまして、四人を引き連れ一一月には品川宿に戻った。途中、今切《いまぎれ》の関所（静岡県新居《あらい》町）では親子らの手形がなかったため、違法の山越えをしたのであった。

扇屋の主人は連れ帰った娘たちが余りにも幼かったため、喜兵衛ともども追い出してしまった。もちろん為す術のない喜兵衛は結局、扇屋に泣きついてきた。それならばと扇屋は姉のゆきと妹のしめを「傾城《けいせい》」に売ることを提案した。扇屋が既知の江戸浅草「女見《じょけん》（女衒《ぜげん》）」市左衛門《いちざえもん》を媒《なかだち》にして新吉原の遊女屋巳屋源右衛門《げんえもん》に、関所破りをゴマ化すために駿河《するが》出身の姉妹と偽って身代金一〇五両で売り渡した。そのうち三四両二分《ぶ》は女衒に支払い、喜兵衛と姉妹の父親にそれぞれ七両ずつを手渡し、のこり五六両二分を扇屋が懐にした。結局、父母も巴屋に頼み込んでともに住み込むことになる。

翌正徳二年には母親が死に、同四年四月になって父親は今切関所破りを悔いて、周りが止めるのも聞かず紀州藩邸に自首したことから、ことが露顕する。幕府評定所での審議となったが、家継政権の「長詮議《ながせんぎ》」が続き、一年後、父親までが獄死してしまう。評定所では関所破りは大罪だとしてすぐに訴え出なかった点を重視し、父親の死体の首を刎《は》ねて紀州城下で晒《さら》し、二人の姉妹は巴屋に下げ渡すか、没収して婢《はしため》にしよう（奴刑）とした。品川の扇屋は流罪か追放がいいだろうと判決案が作成されたが、ここで白石が待ったをかけた。

そもそも親子四人はだまされ（「勾引《こういん》せられ」）て連れてこられた「下愚《かぐ》の者」たちであり、訴えようとしたが周りの者が宥《なだ》め賺《すか》したため訴えるまで月日を要したのである。張本人は品川の扇屋であり、死刑を免れない。自分の召使いを使って親子四人をかどわかし、関所破りを隠蔽し、身代金一〇五両のうち過半を自分のものとした。その罪は軽くない。「御代《みよ》御代の制条に、人売り買う者の法をたてられしは、これらの事のためなり」。判決は白石のいう通りに決し、二人の姉妹は解放されて紀州へ帰されることとなった。

つまり、「人売り買う者の法」とは、貧困や要領の悪さから子どもを売った親を取り締まる法ではない。白石が理解していた「人売り買う者の法」とは、人をかどわかした者や、周旋することにより巨利を得ている者（＝人商い）を罰する法であった。このように、年季制限がなくなっても「人売り買い」は法秩序をもって禁止されつづけていく。

女衒の容認

本来、人商いの口入は禁止され死刑となるはずであった。元和五年令にも明記されている。女衒・肝煎《きもいり》とも呼ばれた彼らは、年貢未進や借金を返済するために金が必要な供給先と、売女稼ぎのできる若い女性を必要としていた遊女屋・飯盛旅籠屋ら需要先との間を取り持つ周旋・仲介業者である。そのじつ、年貢未進や借金で苦しむ人主らの足元を見て安く買いたたき、相応の値段で売り付けることで大金を得ていた。妻・娘を遊女に売るという段階では、人身売買の中継業者（人商い）として処罰の対象であったが、遊女奉公に出すという段階になると、公認されている人宿同様に年季奉公人契約の斡旋業者として公儀も認知せざるをえなくなる。

たとえば、寛文八年（一六六八）三月、江戸町奉行が市中で実施した隠れ売女の一大検挙は新吉原の名主・年寄と出入りする茂兵衛ら女衒の情報提供にもとづいて行われた（『御町中御法度御《ご》穿鑿《せんさく》遊女諸事出入書留』）。また、享保五年（一七二〇）三月、享保改革政権は町触《まちぶれ》でもって、「新吉原の外、江戸町中《ちょうちゅう》へ遊女の請け人・人主に立ち、または肝煎、遊女奉公に遣わし候者これあるにおいては曲事《くせごと》たるべき事」と禁止した（『御触書寛保集成』）。公許の新吉原以外での「遊女

（売女稼ぎ）」は隠れ売女として御法度である。それら隠れ売女稼ぎをするために妻・娘を売ったり（人主）、保証人になったり（請け人）、あるいは紹介したり（肝煎＝女衒）する行為も当然処罰対象であるので、けっして行ってはならない。ただし、新吉原へ妻・娘を遊女奉公に出すことは禁止されていないので、その人主・請け人・肝煎となることは問題はないのであった。その点を見逃してはならない。

養女を遊女奉公に出していいのか

女衒など口入業者のなかには、まだ売女稼ぎのできない幼女を何人も養女契約で買い取り、何年か手元で育て上げたのちに養父（人主）として養女を身売り奉公に出す場合があった。本来、養子・養女縁組みは金銭の授受を伴わないものであり、「イエ」を相続する跡取りがいない場合や、実子以外にも子どもを育てる余裕のある者が預かり育てる制度である。女衒の養女は、困窮民ら口減らしのために手放した幼女をただ同然で買い取り、なるべく手を掛けずに養育し、幼い頃から売女となるべくノウハウを理解させて、高く売ることを目的としていた。

それでは、女衒を生業としていない場合はどのような処分となったのか。貞享四年（一六八七）、実の娘をいったん養女に遣わし、再婚後引き取るに際して遊女奉公には出さないと念書を書いておきながら、娘を遊女に売った母親は「死罪」となり、継父は牢舎中に牢死したが、その死骸は取り捨てとなっている。また、元禄二年（一六八九）、養女に婿をとると偽って遊女に売った夫婦はともに「磔《はりつけ》」となっている（『御仕置裁許帳』）。ケースバイケースであり、情状酌量で死刑とならない場合も見られる。

しかし、享保一七年（一七三二）の平右衛門《へいえもん》一件後、扱いが大きく変わる。江戸本所吉岡町（墨田区）の店借甚兵衛《たながりじんべえ》のところに居候《いそうろう》している平右衛門は養女を遊女に売ったところ、実親より訴えられた。評定所で審議をした結果、たしかに平右衛門は育てたうえで「自分の勝手になる筋」へ片付けようと考えていたが、実親も平右衛門が親戚でもないのに娘をもらってくれた時点で「底意は養父（平右衛門）同然」であり、平右衛門が実親をだまして遊女に売ったわけではないのでお構い無しという判決となった（『享保撰要類集』）。

だまして売った点が明らかな場合はかどわかし犯に準じた刑罰が相当であるが、そうでないケースは以降取り上げ無し（訴訟不受理）となる。翌一八年正月には全国に触れ出されている（『徳川禁令考』）。「卑賤《ひせん》の者（庶民）」が縁も所縁《ゆかり》もない者の子を養子にして養うはずがない。親類でもない者が養い育ててくれるといった段階で、末は遊女に売られようが養い親の勝手と実親は覚悟しなければならない。それを、養い親が多額の金銭を手に入れたと知って、実親が分け前を得る目的で訴え出るのは以ての外だ、という理由である。

養育できるのに養子・養女に出す場合はもちろんのこと、困窮等を理由に子どもを手放す実親は子どもに対する養育義務を放棄したにも等しい。いまさら身代金ほしさに親権を主張するのは認められない。まして、親が娘を遊女に出すことは合法であるからには、養い親が養女を遊女奉公に出すことも合法と判断するのが適当である。

養女を遊女に売ったからといって即処罰というわけにはいかないと、町奉行大岡忠相《ただすけ》があえて評定所での審議にかけた可能性もあるが、その点は定かではない。前例墨守のお役人然とした裁きではなく、充分に社会状況をくみ取っての名裁きではある。しかし、それはまた女衒の養女をも公認することになるのであった。

生き残る身売り

なぜ悪所なのか

元禄一五年（一七〇二）、京都の悪所《あくしょ》において所司代《しょしだい》松平信庸《のぶつね》の家来が喧嘩し、後日きびしい処罰を申し渡された。

「悪所行き」

美濃田酒造丞《みきのじょう》（四五〇石取《こくとり》）は手鎖のうえ、上司である杉山作右衛門《さくえもん》に御預けとなった。小姓《こしょう》の岩田孫三郎（二五〇石取）と滝兵蔵《ひょうぞう》（一〇〇石取）も手鎖となり、岩田の父春悦は監督不行き届きで閉門処分をくらった。同じく小姓の星野治助（一三石・三人扶持《ぶち》）は「御暇《おいとま》（解雇）」となり、小島彦之丞《ひこのじょう》の父親瀬兵衛《せへえ》が閉門となった。彦之丞は勤めにもついていないので、かなり若かったと考えられる。かれらはたびたび悪所に入り浸り、とうとう喧嘩騒ぎを起こしてしまった。遊郭から呼び出しを受けた小島瀬兵衛が届け出て、ことが公となったのである。そもそも彼らを「悪所行き」に誘ったのは服部十郎左衛門《じゅうろざえもん》という侍だった。所司代松平信庸は服部の所司代屋敷への出入りをきびしく禁止し、そのため服部は京都にはいられなくなり奈良の方へ引っ込んだという（『元禄世間咄《ばなし》風聞集』）。

この事件での悪所とは遊郭を指している。京都であるから島原あたりであろう。いつごろから遊郭のことを悪所と呼ぶようになるのであろうか。一七世紀前半には見られなかった表現である。文学の世界では、天和《てんな》二年（一六八二）刊行の井原西鶴《さいかく》『好色一代男』あたりを嚆矢《こうし》として遊里＝悪所という表現が使われ出し、元禄期に浮世草子《ぞうし》で遊郭・芝居町を指して広く使用されるようになるという（守屋毅『元禄文化』弘文堂、一九八七年）。

「辺界」の悪所

悪所論については、江戸期の文学・文化を対象としていくつかの先行研究がある。その代表が国文学者末広保氏であろう。末広氏は、悪所を「四民（士農工商）の下」に位置づけられる人びとや制外の者たちが日常的此岸《しがん》の辺界に形成した虚構の世界であると分析した。遊女や役者の売る虚構性（＝フィクション、ウソ）は、売る側も買う側もその非日常として虚構を演じきることで成り立っていた。その虚構性が日常と非日常の間のタブーを超越するところに悪所通念が生じるという（末広保『辺界の悪所』平凡社、一九七四年）。

しかし、明暦大火（一六五七）以前の元吉原と芝居町は隣り合わせで、江戸下町のど真ん中（現中央区）に一大歓楽街を形成していた。そもそも江戸の芝居町は寛永九年（一六三二）、元吉原のすぐ北側、禰宜《ねぎ》町に歌舞伎《かぶき》の猿若《さるわか》（中村）座が越してきた（のち堺町に移転）のをきっかけに成立する。そののち堺町に村山（市村）座が（のち元吉原西側の葺屋《ふきや》町に移転）、木挽《こびき》町に山村座がそれぞれ開設し、元吉原に隣接して大芝居（歌舞伎座）・芝居茶屋・見せ物小屋など芝居町が形成された。諸般の事情で吉原が浅草寺《せんそうじ》裏（台東区）という江戸のはずれへ引っ越してしまうが（芝居町も江戸後期、天保一三年〈一八四二〉にそっくり浅草猿若町に移転する）、それには先に見たように歴史的な経緯がある。もちろん、広末氏のいう「辺界」は空間的な江戸の「辺界」のみを指しているわけではない。

さて、悪所で暮らす人びとに所与の性格として「四民の下」とか制外の者たちとレッテルを張るのはいかがなものか。遊女も役者も人別帳に登録された、れっきとした「四民」のはずである。タブーを超える虚構性の表現であるその悪所を、公儀権力だってどうどうと使い出す。元禄五年（一六九二）三月の判例では、武家屋敷で中間《ちゅうげん》奉公する杉右衛門《すぎえもん》が別の屋敷で同様の奉公をする弟七之助を傷つけた事件では、弟が「悪所」通いしていたため意見したところ口応えしたので切り付けたとある（『御仕置裁許帳』）。また同六年一一月、綱吉政権は大名・旗本に対して、江戸屋敷での火の用心と美麗な家作禁止を申し渡すにあわせて、「悪所」へ「歴々《れきれき》」も出入りしている風聞があるとして厳に慎むよう通達している（『御触書寛保集成』）。

元禄文化と悪所

元禄文化との関連に着目して悪所論をまとめているのが歴史学者の守屋毅氏である（守屋『元禄文化』）。井原西鶴をはじめ文芸作品にもくわしい守屋氏は、元禄期以降の文芸に頻繁に悪所が登場してくる点から、当時遊里（遊郭・芝居町）を支えた新興商人や庶民に注目する。すなわち、悪所は享楽性・虚偽性・奢侈《しゃし》性といった抽象化された町人の観念領域で形づくられたもので、遊里における遊興《ゆうきょう》に根ざしているという。その享楽性について、「イエ」の形成に不可欠な、あるべき男女結合原理として夫婦間のセックスが評価される反面、遊郭における遊女のセックスが邪淫とされたとするなど、その分析は傾聴に値する。

ただし遊郭の遊女はいざ知らず、役者・「野郎」に衆道（男色）はあったものの限られた範囲での行為であり、だれでもが手を出せたわけではない。その意味での享楽性を芝居町・役者に当てはめることは困難である。また、文芸作品のフィクションやデフォルメされた部分に反映していない、切り捨てられた社会実態についても考慮する必要があろう。

たしかに、一七世紀末には世間での悪所表現の使用が一般化する。だが次の事例で見るように、すでに寛文年間（一六六一～七三）において公儀権力自身が遊郭を悪所と呼び習わしていた点を無視することはできない。いったん、悪所表現の出現を元禄文化から引き離して考えてみてはどうか。

「悪所」の登場

寛文六年（一六六六）五月一八日、新吉原で起きた侍同士の刃傷《にんじょう》沙汰を『柳営日次記《りゅうえいひなみき》』『松平大和守《やまとのかみ》日記』などより再現してみよう。

未《ひつじ》の刻というから午後二時ごろである。新吉原の大門へ通じる日本堤の土手の上で喧嘩がはじまった。一方は、御小姓《おこしよう》組芝山弥三左衛門《やそざえもん》・書院番平林孫左衛門《まござえもん》に館林藩小十人《こじゆうにん》岩波新五左衛門《しんござえもん》・甲府藩小姓組小林次郎左衛門《じろざえもん》・同藩小十人秋山利左衛門《りざえもん》を加えた二〇歳代の旗本および徳川一門の家中である。片や相手は、一回り年輩の大番の横地次郎左衛門《じろざえもん》と樋口惣左衛門《ひぐちそうざえもん》の二人であった。遊郭内での口論が原因というから、朝帰りならぬ昼帰りの途上で起きた喧嘩が斬り合いにまで発展したらしい。腕前は横地らの方が一枚上手だったようだ。平林が即座に斬り倒され、岩波は深手を負い退去するも、浅草寺までたどり着いて息絶えた。そのほか双方とも無傷の者はいなかったという。

　幕府直臣が「悪所」で遊興しただけならばまだしも、喧嘩の果て死人まで出したとなれば、ただでは済むはずがない。まず、自宅に戻った芝山は上司に当たる御小姓組番頭《ばんがしら》大草高盛の問い質《ただ》しを受けたが、「悪所」へは行っていないの一点張りであった。幕府も御目付を双方へ派遣し取り調べを行い、事件後欠け落ちし行方をくらましていた、平林の召し連れていた小者《こもの》を探し出した。若年寄土井利房《としふさ》の屋敷でこの小者を尋問したところ、主人平林は芝山らと同道して「悪所」へ遊びに出たことは紛れもない事実で、芝山も喧嘩に加わっていたことを白状した。これによって芝山の申告内容は虚偽であったことが判明した。

　六月五日、大草ら番頭および検使の御目付に対して処分が申し渡された。芝山は「悪所」で喧嘩した上、さらに偽り（「彼れといい、これといい」）の申告をした点が不届きであるとして、浅草鳥越の獄門場で斬罪、死骸打ち捨て処分に決し、すぐさま実行に移された。横地と樋口の二人も当座の喧嘩で相手を切り殺した点が「曲事《くせごと》の至り」であるとして、牛込（新宿区）の正元寺で死罪となった。これらは単なる喧嘩両成敗より重い処罰であり、切腹は認められず、平林も含め旗本四家は御家取り潰しとなった。なお、小林・秋山の両名は香華院において切腹するよう、甲府藩徳川綱重付家老島田時郷《ときさと》を通じて命じられている。

男伊達と倹約の上意

『久夢日記《きゅうむにっき》』によれば、芝山らは「武士男達《おとこだて》（旗本奴《やっこ》）」であったことが判明する。芝山弥三左衛門は六方《ろっぽう》組の一つ大小神祇《じんぎ》組の頭であったという。普段から紈綺《がんき》染の紅裏《もみうら》で仲間と練り歩いていたといい、「御成敗になる」とある。同じく吉弥《よしや》組には平林十郎左衛門と小林次郎兵衛の名前が見える。おそらく平林孫左衛門と小林次郎左衛門のことであろう。小林は「（浅草）山谷《さんや》の土手にて喧嘩して逃げ候」とある。ちなみに大小神祇組といえば、かつて小普請《こぶしん》組水野十郎左衛門成之《なりゆき》の属していたグループである。二年前の寛文四年（一六六四）三月二六日、水野自身、仮病を騙《かた》って出仕せず、かつ市中で不法を働いていた容疑で謹慎処分なり、呼び出された折に髷《まげ》を結わず袴も着ずに白衣で出頭したため、「不敬」の廉《かど》で翌日切腹を命じられている。

さて、芝山らの処刑二日後の六月七日、江戸城黒書院に御書院・御小姓組・大御番《おおごばん》の三番頭およびび新御番頭・小十人番頭全員が呼び出され、将軍家綱より直接に面命があった。番士の管理不行き届きを叱責した上で、今後配下の番士が二度と悪事を働かないよう監督強化するとともに、重ねて組中の番士に倹約を指導するよう上意が申し渡された。一連の処分・布達には、幕府直臣に対する綱紀粛正方針が顕著に示されている。さらに翌八日には、今回の厳しい仕置き内容と倹約が面命された点につき、わざわざ宿継ぎをもって京・大坂・駿府《すんぷ》へ伝えられた。

こうしてみると、逸脱する武家層の綱紀の乱れが寛文期に社会問題となっていたことがわかる。同じころ、江戸市中で博奕《ばくち》打や隠れ売女《ばいた》の取り締まりがたびたび実施されており、それら都市社会問題の接点が遊郭や芝居町であった。宗門人別改めの制度化や倹約令の発令も同時期であり、江戸社会にとっての正邪が家綱政権によって一つ一つ確認され、線引きされた時期に当たる。

家綱政権が遊郭を悪所と表現したのには、どのような意味が込められていたのであろうか。少し時期は下るが、享保改革政権に元品川宿名主田中休愚《きゅうぐ》（丘隅）が提出した意見書、『民間省要《せいよう》』に出てくる道中女（飯盛女）の記述をもとに考えてみよう。

賤しい道中女

品川宿には多数の飯盛旅籠屋《はたごや》があったから、休愚が飯盛女をどのような目で見ていたのかがわかる。

休愚は食売下女《めしうり》という呼び名が「惨き名《むご》」だという。遊女同然であったが、旅籠屋に遊女を置くことはできなかったので仕方なく、この名で呼ばれている。食売下女という特別の「種子（人種）」があるわけでもなく、諸国の「民間」より父母・兄弟のために売られて、女衒《ぜげん》の手を経て

図7　品川宿の遊里の座敷（鳥居清長「美南見十二候　四月　品川沖の汐干」）

食売下女となる。見事に勤め上げて、その身の果報次第では武士・町人の妻となり、元の百姓身分より「良き見過ぎ（生活）」をおくる者も多い。

古《いにしえ》は「貴重（身分の高い）の人」も旅をするときに遊女などを同行させたこともあったが、そのころは彼女たちの風情《ふぜい》も「やさしく聞こえ」た。つまり、貴人の相手をした女性たちは味わいのある仕草や教養も含めて気品があったという。それに引き替え、近頃の遊女・道中女たちはその「所作《しょさ》（仕事）」が「賤《いや》しく」、セックスをもっぱらの仕事としている。とくに、分別のない百姓身分の者のなかには彼女たちを「衒売《げんばい》」と賤しめて呼び、付き合ったり嫁にもらうことをしない者もいると説明する。

同じ百姓出の娘なのに売女稼ぎをしているので百姓は縁組みをしないという休愚の説明からは、売女稼ぎ＝「賤しい」という感覚がにじみ出ている。おそらく公娼制の確立、すなわち公認・黙認の売女以外の売女稼ぎが制禁の対象として取り締まられるようになってから、こうした感覚が行き渡るようになったのではないだろうか。少なくとも、大名・旗本も何食わぬ顔で遊女・湯女《ゆな》のもとに出入りしていた一七世紀中ごろまでは、酒食・芸の提供にはじまり、接待の延長でセックスまで行き着くというのが彼女たちの仕事ではなかったろうか。花見や宴会に招かれ、興を添える役割もあったかもしれない。江戸市中で逮捕された私娼たちが新吉原に送り込まれ、下級の散茶《さんちゃ》女郎としてセックスだけを売りものにするようになってから、彼女たちを見る世間の目の方が変わってしまったようである。

流行の元は浪費の元

さらにのちの記録であるが、文化一三年（一八一六）にできあがったとされる武《ぶ》陽隠士《よういんし》の『世事見聞録』では、「遊里売女」と「歌舞伎芝居」について、たいへん興味深い記述がなされている。

まず、遊女の手練手管《てれんてくだ》に誑《たぶら》かされて男は遊女屋に通い詰める。大事な客は貴方《あなた》だけ、夫婦《めおと》になりましょうと、遊女は約束の起請文《きしょうもん》をあの客にもこの客にも書いて渡し、髪の毛や指（作り物）まで切ってまことの振りを装う。売女に溺れた客の男はどうなるか。親から勘当される者あり、妻と離別する者あり、大抵は身上《しんしょう》を潰す。坊主は寺の施物《せもつ》・什物《じゅうぶつ》を持ち出し売り払い、奉公人は引き負いが嵩《かさ》み欠け落ちする始末。結局、追い剥ぎ・盗賊・火付け・人殺しまで犯す者も出てくる。不忠・不孝をはじめ、もろもろの悪人・悪逆を生み出すのはそもそも売女どもが原因だ。「今十万に余る売女ども」が「日々夜々《ひびよよ》幾千万人を悪人」にする。すべての悪人は売女と博奕をきっかけとして「悪逆道」に陥るという。

一方、歌舞伎役者に熱を上げるのは都会の婦女子たちで、寝ても覚めても彼女たちの心から離れることはない。かつて芝居は世の中を真似ていたが、今は役者の着た衣装、話した言葉づかいが流行《はやり》となり、世の中が芝居の真似をする。とくに「年若の女」は、一度芝居を見た途端、三度の食事を抜いても芝居を見に行きたがる。芝居にいけば、親のことも夫のことも忘れて浮かれ立ち、髪型や着物の柄・拵《こしら》えも女形《おやま》の真似をする。そんな「年若の女」に心を寄せる男がまた役者の真似をし、忠孝の道を失う。芝居に限らず人形浄瑠璃《じょうるり》・軽業《かるわざ》・カラクリ、そのほか見せ物の類はどれもこれも「千両、二千両」の大金をかけて衣装や仕掛け・趣向を競い、人びとの「目を驚かし蕩《とろ》かしめ」、金銭を浪費させる。

売女は男の心を虜《とりこ》にし、芝居は女の心を鷲摑《わしづか》みにする。ともに奢侈と浪費を基本とし、風俗を乱して淫乱を誘導する。こうして売女と芝居の流行によって町人・遊民・百姓までが奢侈・淫乱に流れ、ついには「国家の道」を乱しているという。

おそらく、こうした理解は一〇〇年以上前の江戸社会にも当てはまったに違いない。つまり、男を悪人にする売女と博奕、婦女子が入れ上げる芝居はそれぞれ浪費の根源であり、親・夫・主人を疎略にする、すなわち国家の権威や「イエ」秩序を無視する元凶であった。この点が、ともに悪所と呼ぶ一番の理由にほかならない。倹約方針を表明する寛文期の家綱政権にとってみれば、浪費・奢侈は悪であり、受け入れられないものであった。

悪者と交わる

浅草田町（台東区）の店借《たながり》久兵衛《くへえ》の悴太郎兵衛《たろべえ》は、貞享二年（一六八五）の春から麻布永坂町（港区）吉右衛門《きちえもん》の所へ給金二両を前借りして五年季の約束で奉公に出ていた。もちろん前借りの理由は父親久兵衛にあったわけで、太郎兵衛は仕方なく奉公に出されたと思っていた。奉公先の吉右衛門は元結《もとゆい》などを商っていた。

半年ほどたった八月一六日、仕事の要領もおおかた覚えた太郎兵衛は預けられた三貫文《かんもん》分の元結を受け取ると、そのまま欠け落ちし伊勢参りに出発してしまう。抜け参りである。小田原（神奈川県小田原市）までやってきたが、荷物を持っていては手形無しで箱根の関所は越えられないと知り江戸まで戻り、そのまま一たん千住（足立区）の旅籠屋に身を潜め、探索の手が及んでいないことを確認すると大胆にも越谷《こしがや》（埼玉県越谷市）へ出向いた。元結を売って食いつないでいたが、それも底をつき、九月一九日には勝手知ったる浅草寺まで舞い戻り、「宿無し」のまま門前にたむろしていた。その晩、浅草馬場で寝床を探していると、「悪者」七兵衛《しちべえ》が近付いてきて仲間になるよう誘ってくれた。二、三日世話になったので手伝うことを決めた。七兵衛には権《ごん》兵衛《べえ》という仲間がおり、彼の指図で二人して堺町近辺（中央区）の湯屋へ行き、客の木綿袷《あわせ》を盗んで、すぐさま売り捌《さば》き金に換えた。

太郎兵衛が欠け落ちした翌日には主人から請け人方へ知らせが入り、請け人と親族が行方を捜しはじめていた。そして、九月二九日、太郎兵衛が下谷《したや》（台東区）をブラブラしていると兄加兵《かへ》衛《え》に見付けられ引き戻されてしまう。しかし、翌日太郎兵衛は再び姿をくらますことに成功する。彼が向かった先は七兵衛が身を潜めているはずの新吉原内饂飩《うどん》屋与左衛門《よざえもん》の所であった。ただし、太郎兵衛は七兵衛ともども「悪者」仲間から足を洗うつもりであった。危険を冒してまで、説得するつもりでやって来たのであった。果たして二人は、翌一〇月一日、新吉原に捜しにやって来た加兵衛に見付けられ、町奉行所へ引っ立てられることになる（『御仕置裁許帳』）。

当時、「悪者」仲間が身を潜めるに適した場所の一つが新吉原であった。たとえ遊客とならなくとも、遊郭の中に彼らが身を隠す場所はいくらでもあった。また、浅草界隈で所在なげにしていると、「お前、どこから来た？」「当てがないなら、手伝わないか」といい寄ってくる手合いがいたのである。そして何より、失踪した欠け落ち人を真っ先に捜す場所も遊郭であった。この点は芝居町と共通している。

たとえば、儒学者荻生《おぎゅう》徂徠《そらい》は一八世紀初頭の江戸社会の状況を、「町人の風俗と傾城《けいせい》町・野郎町の風俗も武家へ移り、風俗悪《あ》しくなる」と分析している（『政談』）。ここでいう野郎町とは野郎歌舞伎の町（芝居町）のことであり、遊郭と芝居町は武家社会にとって極めて害の多い悪風俗の場所であるという。この場合の悪風俗とは、単に遊郭・芝居町が遊蕩・浪費の代名詞であることのみに因るものではない。遊郭も芝居町も、ともにいたずら者や無宿者など「悪者」が引き寄せられ身を隠す場所であり、犯罪に関係していなくても頻繁に出入りしているとさまざまな「悪事」に巻き込まれかねない場所と認識されている。そうした悪風俗の場所が悪所なのであった（下重『稲葉正則とその時代』）。

忘れられた身売り

人身売買を意味するはずであった身売りが、若い女性だけが親・夫によって遊女屋・飯盛旅籠屋に売られることを指すようになったのは、一七世紀末のことであった。それから一〇〇年ほど経つと、身売りにはもう一つ別の意味が加わることになる。

たとえば、寛政二年（一七九〇）九月二六日、隠れ売女《ばいた》に関する判例の一つとして、自分の女に売女稼ぎをさせていた男に住まいを貸していた地主・家主の処罰例が記録されている（『行刑条例』）。独身で切商いで暮らす男が「貰い置き候女」を相対《あいたい》（本人合意）のうえで、他所《よそ》で売女渡世（隠れ売女）をしている者に預けて「身売り（売女稼ぎ）」させていたという。切商いの男に店《たな》（部屋）を貸していた地主・家主をどのように処分したらよいか、評定所にあげられた事件である。「貰い置き候女」というのはいわゆる囲い女＝愛人であり、女房ではない。男が正式に所帯を構えていたわけではないので、地主・家主どころか大家も女の存在をまったく知らなかった。まして、自分たちの店で売女渡世をしていたのでもないから、男の悪行に地主・家主は気づいていない。前例がなく、処罰を決めかねたのであった。

大家だけに管理責任を負わせるわけにはいかない。地主・家主を無罪にすると、日ごろ行うべき店子《たなこ》（借家人）に対する管理の不行き届きを不問に付してしまうことになり、示しが付かない。結局、地主は叱り、家主は急度《きっと》叱り程度の軽い咎め（処罰）とすることに決まった。

この事例で、公儀権力自身が売女稼ぎ＝売春のことを「身売り」と表現しているところに注目したい。つまり、一八世紀後半では、身売りは親・夫によって娘・妻が遊女屋や飯盛旅籠屋に売られることだけではなく、女性が客を取って体を売ること（＝セックス）そのものをイメージしている。女性が遊女・飯盛女になるまでの過程を呼び慣わしていたはずの身売りが、いつのまにか遊女・飯盛女となったのちに客に提供する性サービスの呼称となってしまっている。やっかいなイメージの登場である。

江戸文化の怖さ

それはまた、皮肉なことに公儀権力による年季奉公人化政策のたまものであった。遊女・飯盛女への身売りが雇用労働契約として位置づけられ、寄って集《たか》って人身売買ではないように装い飾り立てた結果である。公儀権力と江戸社会が求めた結果であるといってもいい。「イエ」や親の犠牲となった女性本人を除いて、このように江戸社会の人びとは上から下まで、娘・妻を遊女・飯盛女に売った親・夫も含めて、遊女・飯盛女となることが本質的に人身売買であることを忘却してしまった。彼女たちに注がれる眼差しには、残念ながら、もうセックスという商品を売る女性にしか見えていない。

彼女たちが見世《みせ》先に商品として並ぶまでの過程を詮索するのは「野暮《やぼ》」なこと、そして彼女たちとの「粋」な遊び方を通人《つうじん》の嗜《たしな》みの一つにさえしてしまった。そのような文化を江戸社会は創出していくのである。社会が造り出す文化・メディアの怖さの一面でもある。

喜ぶ側、陽の当たる側、この場合は身売り（＝売女稼ぎ）する遊女・飯盛女を買う男側からの思考では江戸文化の分析はなしえても、江戸社会の分析としては片手落ちであろう。といって、彼女たちの置かれた境遇の苦界《くがい》性を女性であるがゆえに強いられた生き方の一つと捉えるのも、また充分ではない。年貢が払えなくなったら、食っていかれなくなったら、借金が返せなくなったら娘・妻を売ることをなぜ当然のこと、仕方のないことと誰もが思ったのか。そして売られた女性たちは、なぜ仕方がないと納得して売女稼業に甘んじたのか。身売り（＝人身売買・売女稼ぎ）を当然のこと、仕方のないこととすることで誰が得をしたのか、何が守られたのか。そう、守られたのは「平和」、公儀権力による「平和」であり、それは江戸社会にとっての「平和」であった。

維新政権にとっての遊女問題

津田真道の建議

江戸社会の「平和」ボケについては、徳川政権を倒し維新政権を築きあげ、日本の近代を切り拓こうとしていた人びとにとっても見直すべき課題の一つと認識されていた。すなわち開化政策の一つとして、弱者や差別・虐待されていた人びとをその地位・環境から救い出す（＝解放する）政策のなかで取り上げられることになる。解放の対象は地方に残存していた名子《なご》・下人《げにん》・家人《けにん》といった隷属民であり、差別身分のえた・非人であり、当《とう》道座《どうざ》内の強い規制・拘束下にあった盲人であり、苦界《くがい》に沈められたとされる娼妓（＝遊女）たちであった（今西一『遊女の社会史』有志舎、二〇〇七年）。

明治二年（一八六九）三月、律法（刑法）を制定するために設立された公議所に刑法官判事津田真一郎（真道《まみち》）が「人を売買する事を禁止すべき」という内容の提案を建議している（『官版議案録』)。

人を売買することは基本的にあってはいけないことだが、和漢西洋ともに古来より人を売って奴婢《ぬひ》とする悪風俗がある。奴婢は人間を牛馬同様に扱うことであり、普通は「人道」が「開明(文明開化)」に向かうに従い消失する。しかし、皇国では今も娼妓に悪風俗が残っている。娼妓は年季を限って親に売られた女子たちであり、年季中は牛馬同然である。この娼妓が存在するゆえに、女子の売買という悪風俗が今も行われ、また処女をかどわかし略売する悪事も存在している。どうか、人を売買することを禁止してほしい。

とはいうものの娼妓をなくすことはできないから、青楼(遊女屋)も、そのまま残さざるをえない。では、どうしたらよいか。娼妓をいわゆる「地獄売女」としてはどうであろうか。西洋の女郎はどこもこれである。西洋で女郎になるのは身持ちが悪かったり、怠け者や淫奔《いんぽん》(猥ら)な女ばかりで、ほかに生きていく術《すべ》がないため自分から好んで「地獄」に堕ちて女郎をやっている。それに比べて日本では、たとえ品行正しく貞節な女子であっても悪い父母・叔父によって売られたり、また、かどわかされて売られて苦界に身を沈めることがある。同じ売女稼ぎをするのでも西洋と日本とでは、そこまで行き着く過程と置かれた立場に雲泥の差がある。

津田のいう「地獄売女」とは、当時の公許売女に対する隠れ売女の呼び方の一つである。つまり、債務によって遊女屋に強制されて行う売女稼ぎに対して、本人の自由意志で行う売女稼ぎを

「地獄売女」と表現している。津田は、娼妓となるのも辞めるのも、客を取るのも休むのも娼妓の勝手次第とすれば、「苦」ではなく「楽」になるはずだと考えた。オランダ留学の経験のある津田の見知は、「開明」に邁進すべき皇国における娼妓のあり方を模索する議論であった。外から日本を見た経験によって、娼妓の存在自体が女子の売買、すなわち身売りそのものであることを改めて思い出した。

しかしながら、人身売買を悪風俗とまで認識しながら、「開明」すべき皇国でも、やはり娼妓は必要だと考えている。西洋の女郎、すなわち自由意志での売女稼ぎは津田の目には「開明」達成のための一つの方法と映っていたようだ。ところが、自由意志での売女を許容する近代西洋の論理もまた、当時の西洋社会の抱える桎梏を覆い隠すための論理にすぎない。それは移民・出稼ぎ女性の労働環境や弱者の救済、あるいは社会保障の未整備をそのままに放置し、旧態と変わらず「イエ」構造を介して男性が女性を支配するという近代資本主義の社会構造である。男性による女性のセクシュアリティの領有は続いていた（上野千鶴子『家父長制と資本制』岩波書店、一九九〇年）。

津田は人身売買と娼妓の売女とを切り離して議論しようとしていた。娼妓をなくすことができないのであれば、西洋並みに娼妓の体質を変えることによって人身売買をなくすことができると考えたのである。しかし、江戸社会での人身売買と公娼制とは、身売りという言葉で一括されるごとく渾然一体であり、その仕組みは社会・国家にとって必要欠くことのできないものとなっていた。そして、明治という時代となり新政権が発足しても、まだその仕組みが必要だった。その点を見のがしてはならない。

この時、この津田の建議が採用されることはなかった。大多数の日本人は、娼妓（遊女）となることが人身売買そのものだということを忘れていたから。

日本人の輸出

かつて徳川政権は明《みん》からの倭寇《わこう》取り締まり要請を受けて、元和七年（一六二一）七月、九州の諸大名に「八幡船《ばはんせん》（海賊船）」の取り締まりを命じた。その際、武器輸出禁止とともに、「異国へ男女を買い取り渡海せしむる」ことも禁止した。翌年にはオランダとイギリスの商館にも通達されている（永積洋子「平戸に伝達された日本人売買・武器輸出禁止令」『日本歴史』六一一号、一九九九年）。当時、戦場という活躍の場を失い、食い詰めた浪人たちは生きるために海外へ進出していたし、ポルトガルの商人らによる日本人等を対象とする奴隷貿易も続いていた。日本人の輸出禁止は、これらの状況に歯止めをかける政策であり、また「人売り買い」禁止令の国外への適用でもあった。その後いわゆる鎖国政策によって海外渡航が禁止されたことにより、図らずも日本人はその後奴隷貿易の餌食とならずに済んだ。

ところが開国以降、海外渡航が認められるようになると日本人の海外輸出が問題化することになる。慶応三年（一八六七）、横浜在住のハワイ王国駐日領事と名乗るアメリカ人貿易商ヴァン・リードがハワイの甘諸《かんしょ》農場で働く労働者の募集を幕府に願い出た。許可されたが、まもなく幕府自体が崩壊してしまう。しかし、ヴァン・リードは新政府の許諾を待たずに応募者の日本人一五三人を乗せて、明治元年（一八六八）四月、ハワイに連れ出してしまった（阿部牧夫『海を渡った日本人』山川出版社、二〇〇二年）。応じたものたちはハワイがどこかもわからず、無認可であることも知らず、三年間出稼ぎで食っていけるとしか認識していなかった。ハワイとは条約未締結であり、なにせ日本はまだ戊辰戦争の最中であった。閏《うるう》四月、事件が『中外新聞』にスッパ抜かれ維新政権は対応に苦慮する。外交交渉によって、のち明治四年にようやく四〇人の帰国希望者を連れ戻すことができた。そのほかの残留者たちは、結局「元年者」と呼ばれるハワイ移民の元祖となっていく。

また明治三年には、中国人が長崎などで貧しい日本人の子どもを多数買い取り、清《しん》国に連れ出す事件が発覚し、外務省があわてて対応にあたっている。事実を確認した維新政権は、同年八月外国人に日本人の子どもを売り渡すことを改めて禁止した。その後、上海《シャンハイ》に駐在する日本領事によって取り返した子どもが日本へ連れ戻されている。直後の明治四年六月、維新政権は半年前に制定されたばかりの刑法（新律綱領）の「略売人」（かどわかし）条項に外国人に売る罪をさっそく追加した（牧『人身売買』）。

維新政権のこうした対外交渉の背景に、欧米諸国と結んだ不平等条約の問題があった点は否めない。日本人が国外に売られていくということに関してはすこぶる敏感であった。

「習弊」の一掃

その一方で維新政権は国内における人身売買についても検討しはじめていた（大日方純夫『日本近代国家の成立と警察』校倉書房、一九九二年）。その中心人物は、明治五年（一八七二）四月に司法卿に就任した江藤新平である。廃藩置県後の改革路線の一環として、同年六月二三日、司法省から「奉公人年期《ねんき》定《さだめ》御布告案」が太政官《だじょうかん》に申請されている。いまだ娼妓（遊女）や角兵衛獅子《かくべえじし》（越後獅子）の世界では、永年季奉公と称して内実牛馬同様の苦役に従事しているものたちがいる。これは人民の「自由・自主の権」を損なうものであり、哀れむべき境遇である。ぜひともこのような「習弊」を一掃したいとして提出された四か条からなる布告案である（『太政類典』）。

一、金談につき男女を取り引きいたし、または永年期奉公、あるいは養子女と唱え身分買い取り候儀、一切禁止たるべき事。

一、農工商の業習熟のため弟子奉公致させ候儀は勝手に候えども、年限は満七年に過ぐべからざる事。ただし、双方和談をもってさらに期を延ぶるは勝手たるべき事。

一、平常の奉公人は一年ずつたるべし。もっとも奉公取り続け候者は証文相《あい》改むべき事。

一、娼妓・角兵衛獅子等の類《たぐい》、新規召し抱え候儀は満一年の外は延期相叶わず候事。ただし、現今永年期約定《やくじょう》にて召し抱え置き候分は、抱え主貸し付け金の多寡に拘《かか》わらず、自今《じこん》満三年限りに証文相改め置き、満限後は異議なく親元へ差し戻し申すべき事。

「男女」を金銭で取り引きする行為、および永年季奉公契約や養子縁組を装って女・子どもを買い取る行為の禁止が一番の目的であった。その対象は限定されており、その一つが娼妓の永年季奉公であり、娼妓に売ることを前提とした養女縁組であった。もう一つは、男子・女子を買い取って軽業《かるわざ》などを仕込み、街頭演芸・門付《かどづ》けに連れ回す弟子奉公である。これらを新たに召し抱える場合は一年季契約とし、年季延長は認めないことにする。

あわせて一般の奉公人契約も一年季に制限し、毎年契約をし直すこととする。その例外は二つ。一つは職人・商人などで、技術や経験など習熟に時間の要するケースは年季制限を七年までとする。もう一つは現在永年季で召し抱えられている娼妓らで、早急に三年季の奉公契約に改め、年季明け後は年季延長せずに必ず親元に返すこととする。

この案の前提には、娼妓らは人身売買の結果として存在し、雇用契約でありながら永年季であったり、年季があってもズルズルと延長させられ、生涯牛馬同然に苦役を強制されているという認識がある。つまり津田真道の建議同様に、娼妓らが身売り（＝人身売買）によって成り立っている自覚はあるものの、娼妓の身売り（＝売女稼ぎ）を否定する論理は見られない。開化を目指す維新政権として、劣悪な状況下にある人びとにも「自由・自主」の権利を保障していこうという思想＝心意気はうかがえるが、方法は徳川政権が試み社会の要請で放棄した年季制限令の焼き直しで、新規の方策は示されていない。

七月三日、太政官左院での審議では司法省案に対する異議は出なかったが、年季制限による積年の「習弊」一掃には懐疑的であり、布告までには至らなかった。

マリア・ルス号事件

維新政権が苦慮している矢先に起きたのがマリア・ルス号事件である。明治五年（一八七二）六月四日、ペルー国籍の帆船マリア・ルス号（三五〇トン、乗組員二一名）が横浜に入港した。マカオを出発してペルーへ向かう途中、暴風雨にあって船が損傷したため緊急避難したのであった。同船の船底には清《しん》国人の苦力《クーリー》（単純労働者）が二三一人軟禁されていた。彼らはマカオで買われた奴隷たちである。日本はまだペルーと条約を結んでいなかったため、船長へレイラはアメリカに仲介してもらい日本に保護を求めようとしたが、奴隷貿易船であることを知ったアメリカ代理公使シェパードはその要請を拒否した。一八六三年に奴隷解放宣言をしたアメリカにとってみれば当然の判断である。

六月七日、虐待に耐えかねた苦力の一人木慶《モクヒン》が船から脱出し、横浜港に停泊中のイギリス軍艦アイアン・デューク号に助けを求めた。彼は救助されたのち神奈川県に引き渡され、すぐさま船長へレイラが引き取りに来た。マリア・ルス号に戻った船長は木慶をきびしく責め罰したようである。弁髪を切るという処罰まで行ったため、船内では清国人らによって暴動が起きそうになった。それを知らせるため別の苦力が逃亡し、またもイギリス軍艦に拾われた。かわいそうに思った軍艦の乗組員たちはポケットマネーを出し合って彼に渡し、清国への帰国を促したが、彼はその金を横浜で遊んで使い果たしてしまう。結局、マリア・ルス号に同乗していた用心棒らによって探し出され連れ戻されてしまった。

事態の打開をはかろうとしたイギリス代理公使ワトソンは、マリア・ルス号に乗り込み事情を聴取した。船中での虐待状況を確認したワトソンは来日中の上海《シャンハイ》高等法院判事長ホーンビーを同伴して、六月二九日、外務卿副島種臣《そえじまたねおみ》に対してマリア・ルス号事件を日本側で処断するように勧告した。旅客船と偽るマリア・ルス号内で奴隷として買われた清国人が拷問を受けている。日本がこの事件を調査・審議すべきであり、出航の準備をしているというので早急に差し押さえるべきである。イギリスはこの件に関して最大限の助力を惜しまない、という内容であった。

政権内部では、条約未締結国との間の事件を取り扱うことに慎重であるべきという論調があった。「横浜外国人居留地取締規則」によれば、こうした事件は条約締結国の各国領事と相談して取り扱わなければならなかったからである。イギリスだけしか日本への協力・支持を約束していなかったが、副島は閣議に諮《はか》り、外務省主導での事件取り扱いについて勅許を入手し、七月一日神奈川県権令《けんごんれい》大江卓《たく》に事件の調査を命じた。

大江は船長や木慶らを県庁に呼び出し、七月四日から取り調べをはじめた。船長は清国人は乗客だといい、日本の越権行為だとしてイギリスの干渉を非難した。しかし、清国人の証言で苦力契約の違法性、および船中での虐待が判明したため、六日、大江はマリア・ルス号の出帆を差し止めた。

裁判と遊女問題

七月一六日から、ペルー人船長へレイラが清国人苦力たちに対して行った暴力・虐待に関する刑事裁判がはじまった。外務省および大江は、外務省法律顧問スミスや神奈川県が雇った弁護士ヒルだけでなく、ホーンビーおよびイギリスの神奈川領事ロバートソン・領事裁判所代理判事ハンネンの助言を得ながら審議を進めていく。休暇から日本に戻ったアメリカ公使デ・ロングは、シェパードとは異なり、この裁判では中立の立場をとった。そのほかドイツ・フランス・オランダ・ポルトガルなど各国領事らは、基本的には「横浜外国人居留地取締規則」に反するとして日本の行動を非難しつつ、審議を傍聴し裁判の結果に注目していた。

ところで裁判の審議がはじまる前の七月一三日、ハンネンは外務大丞《だいじょう》花房義質《よしもと》に対して、江戸時代における日本の封建的主従関係や奴隷関係は維新後解消されたのか質問している。すなわち、遊女奉公にみられる奴隷関係の残存についてである。花房は、大名の家臣や奉公人に見られる主人との間の絶対的な主従関係は廃藩置県によってその強制力を失ったが、遺憾ながら遊女らへの隷属強制は残っていると答えている。それを受けてハンネンは、七月二〇日相談に訪れた副島に遊女契約の存在を指摘して、船長に対する強硬な判決を思い止まるよう助言した（森田朋子

『開国と治外法権』吉川弘文館、二〇〇五年）。船長らが清国人苦力を買い取り奴隷として拷問・虐待した点について、日本が司法判断を下すに際しては、遊女らの存在が奴隷同然である点について反論しかねないという懸念からである。

司法省とも打ち合わせたうえで、七月二三日、大江は太政官正院に判決案を上申し、その決裁を受けた。また二六日、判決案は各国領事が出席した会議にもかけられ、さまざま裁判の不備を指摘されたが、イギリスが判決案を支持したため事なきをえた。内容は、船長が船客である清国人に行った虐待は明白であり、日本の刑法（律法）によれば暴行および拘禁の罪は一〇〇回の笞《むち》打ち刑に相当する。なお、有罪者の身分に応じて笞打ちを仕官は一〇〇日の閉門、平民は一〇〇日の懲役に替えることもできるところであるが、本事件の諸事情を勘案して特別に無罪とし、出帆を許可するというものであった。ペルーと清国との間の奴隷売買に関しては、日本が口をはさむ問題ではないとして、苦力契約の是非について明言を避けた。判決は二七日に船長に伝えられた。ペルーに対する日本の恩情を前面に出して、遊女問題に触れられないまま落着させようとした点は明白である。

人権の自由　一方、大江からの提言を受けた司法省では裁判と同時並行して、年季制限ではない形での人身売買の禁止方法について模索が続けられていた。司法省からの建言を受けた太政官は人身売買の禁止に関して大蔵省に下問した。廃藩置県と同時に民部省が廃止され、当時、行政分野も大蔵省の管轄となっていたためである。明治四年（一八七一）七月三〇日、大蔵大輔《たいふ》井上馨《かおる》が太政官正院で、この下問に答える建白を行っている（『世外井上公伝』）。

日本は今、「文明」に向かっている。すでに華士族の特権は除かれ、えた・非人も平民となり、数百年の弊習が一洗されて自由の人権が整えられつつある。しかし、まだ婦女の売買が存在し、遊女・芸者など年季奉公の名目でもって終身に渡り、その身の自由を拘縛されているものがいる。かつてアメリカで見られた「売奴（奴隷）」と大同小異である。これは「聖代の欠典」であり、まことに嘆かわしい。今般ペルー船に乗せられていた「略売支那人」の裁判では、公明正大の議論を尽くし、「皇政の仁恵」を他国の人民に施すことができた。しかし国内には、いまだ「売奴」同然の人民がおり、まさにこれは「皇国人民の大恥」である。よい機会であるから、昨年来の開化政策の趣旨にのっとり、「聖明の洪沢」として遊女・芸妓を束縛から「解放」し、人権の自由を与えたいと考える。そのためにも、人身売買は断然禁止とすべきである。

この建白には、人身売買の禁止と公娼制度の再編についてそれぞれまとめた大蔵省作成の布告案二つが添えられていた。その大蔵省案では、これまで免許されてきた遊女屋・飯盛旅籠屋などの営業者には、その場所での遊女への貸座敷《かしざしき》渡世を認める。抱えていた遊女・芸妓は解放し、借金が残っている場合は年賦返済させる。また、引き取ってくれる身寄りのない者には貸座敷にての遊女渡世（売娼）を認める、という内容であった。それは、かつて津田真道が唱えた売娼の自主営業方式を具体化させたものである。太政官左院での審議では、人身売買禁止案については異議が挟まれなかったが、売娼の公認については「風教の害」となると、そのままでの採用はならなかった。

この大蔵省案を起草したのは陸奥宗光ではないかと考えられている（松延眞介「「芸娼妓解放令」と陸奥宗光」『仏教大学総合研究所紀要』九号、二〇〇二年）。娼妓を公認して特定地区に囲い込むというこの大蔵省の方針は、のち売娼は認めず（黙認する）営業地区も限定しないとする司法省の方針と対立することになる（大日方『日本近代国家の成立と警察』）。

とりもなおさず、いったん頓挫した身売り＝弊習一掃問題が、マリア・ルス号事件をきっかけに、改めて克服・解決されるべき国内問題と維新政権に認識された点は否定できない。「聖明の洪沢」を根拠に、人権の自由を旗印に身売り＝人身売買をなくそう、それが文明開化にとって必要だとされた。人身売買をなかったことにするために、取り敢えず遊女を「解放」しよう。しかし、遊女の「解放」とは身売り＝売女稼ぎ（売娼）をなくすことを意味していない。それが、どれだけ不備なことか。

遊女契約批判

さて、出帆許可が出されたマリア・ルス号であるが、清国人たちは当然のごとく乗船を拒んだ。そのため七月三〇日、船長へレイラはマカオ在住のスペイン人アルメロ（リマのアルサウスの代理人）の代人として、①清国人たちとの間に結んだ移民（苦力）契約書の契約内容を履行するように、あわせて、②船に戻らないのであればその分の賠償を求めて、清国人リー・チョンら二三〇人を相手に神奈川県へ提訴した（『大日本外交文書』）。移民（苦力）契約書が有効か無効か、奴隷売買契約書として認めるか認めないかという点をめぐって今度は民事裁判がはじまった。なお、清国人のうち一人はかどわかされて船長の情婦となっていた少女で（「夜半鐘声」）、被告から外されている。

新たに設置された神奈川県裁判所において審議は八月一六日からはじまり、同二一日まで続く。原告（ペルー側）の弁護を担当したのはイギリス人弁護士ディキンズ、被告（清国人側）の弁護人は同じくイギリス人弁護士ダヴィッドソンであった。二人の間で展開された弁論と答弁のやりとりについては森田朋子氏の研究（『開国と治外法権』）に詳しい。

まずディキンズの弁論では、今回の移民契約にもとづく強制執行力有無の審判について、日本が条約未締結のペルーとの間の裁判として裁くのであれば、それは日本の法律でもって裁かなければならない。となれば、日本の法律や慣習において、このような一定期間の仕事・奉公に関する契約で強制執行力を認めている以上、合法として、契約者であるマカオのアルメロに各清国人に対する強制執行力を認めるべきである、と主張した（居留地新聞『ジャパン・メール』）。

この苦力契約書は、一か月につき洋銀四ドルの水夫仕事の募集に応じた清国人らが、前渡しで二か月分八ドルもらってマカオで乗船前に無理やり調印させられたものであった。文字もほとんど読めない彼らが、ましてスペイン語で書かれた契約書を読めたはずはない。乗船後、逃げられないように足枷《あしかせ》をはめられ読み聞かされた契約内容は移民契約書とはほど遠く、八年間ペルーでの過酷な労働を受け入れる約束であった。

弁論のなかでディキンズは、日本で現に行われている事例の一つとして、江戸吉原の遊女奉公契約を取り上げた。すなわち、移民（苦力）契約書よりもっと拘束的な内容の遊女契約が公然と認められている日本が、移民（苦力）契約書を無効とし強制執行力を否定することはできないはずだ、と論難した。横浜で梅毒病院を開いた経験のあるイギリス海軍軍医ニュートンが明治二年（一八六九）に著した『横浜病院医事報告書』をもとに、ディキンズは遊女奉公人請け状の契約内容を詳細に解説してみせた。請け状によれば、人主・請け人は遊女屋の主人から身代金を受け取って女子を売春婦として売り渡し、この契約の合法性に何人《なんぴと》も異議を申し立てないとさまざまな文言で担保されている。また、売春という嫌悪される仕事の強制、日常的な身柄の束縛、休んだ分の年季延長も明記されている。あまつさえ、未成年者が対象であっても請け状は有効であり、主人の諸権利は売買・譲渡（＝転売）が可能とされている。そして日本政府は徳川政権に引き続いて遊郭での遊女屋の営業を公認し、この遊女契約の有効性・合法性に太鼓判を捺している。これらの遊女契約と清国人との移民（苦力）契約とは本質的に奴隷契約として同質であり、有効であるとディキンズは証明した。

弁論には、未成年者をも遊女に売る行為が国家の公認する遊郭で行われているという遊郭批判の意図も込められていた。この時、ディキンズは売娼が公然と日本で行われていることを非難したのではない。幼い女子が売られて遊女という奴隷同然の境遇に置かれている事実を批判したのであった。裁く日本側にとってみれば、最初の刑事裁判の時から憂慮していた遊女問題が俎上《そじょう》に上げられたのであった。その点を危惧して審議開始の前日の八月一五日、裁判を担当する大江はマリア・ルス号事件のこともあるので人身売買の禁止と遊女の「解放」について早急に決定してほしい、と大蔵省に要請していた。

対外問題と国内問題

清国人の弁護にあたったダヴィッドソンは答弁で、苦力契約が契約内容以上に過酷・虐待である点、たとえば船中では手錠をはめられ、口応えすれば容赦なく打擲《ちょうちゃく》され、充分な食事も与えられず、清国人の健康と生命がおびやかされていた点を指摘し、善良なる風俗に反する契約として無効であり、弁償義務もないと主張した。また遊女問題については、成人の場合、遊女となる女性本人の同意、すなわち自分の意志で契約していると答えた。さらに、親に売られた子どもの場合は、本来親が有する子どもを安全に擁護・養育すべき義務に反して不道徳に遊女に売ったのであるから、遊郭を公認している点とは異なる次元の話であり、引き合いに出すことは適当ではない。であるから、遊女契約と今回の清国人の苦力契約とは比較ができないと反論した（『ジャパン・メール』）。

大江は原告・被告両者を呼び出し、八月二五日判決を申し渡した。結局のところ、両者の弁論はどちらも採用されなかった。判決ではまず、契約書がアルメロと清国人との間に結ばれているので、船長には契約の履行を求める訴権がないと指摘した。そのうえで、清国人による小児買い取り事件やハワイ出稼ぎ人事件を事例に、日本が奴隷貿易を禁止している点を根拠としてあげ、ペルー側の移民（苦力）契約を無効とし、被告（清国人）の勝利とした。すなわち、この苦力契約は奴隷契約である。日本政府は外国に奴隷として日本人を売ることを禁止し、売られた場合は外交交渉によって取り戻してきたという事実を示した。今回も同様に、日本にいる労働者（苦力たちも含めて）が自分たちの自由意志に反して、日本政府の同意もなく海外に連れ出されることを認めるわけにはいかない。であるから清国人をペルー側に引き渡すことはできないとした。

図８　大江　卓

原告弁護人は、日本の遊女契約が奴隷契約である点を援用したが、仮に国内に奴隷制度が存在していても、あるいは奴隷同然の境遇にある者がいたとしても、対外的に奴隷貿易を禁止する政策とは別問題である。この裁判の裁決に採用できる弁論ではないとして退けた。

大江は判決の前に、イギリス代理公使ワトソンを介して、国内問題と対外問題とを峻別する旨の助言をホーンビーから得ていたのである。清国人たちは全員解放され、清国使節陳福勲に引き渡され、蒸気船で無事帰国することになる。

納まらないペルー側は、翌明治六年使節ガルシアを派遣して、裁判の不法性を非難し、日本を相手に損害賠償を求めた。しかしロシア皇帝の仲裁裁判によって、のち明治八年に再びペルー側の要求は退けられることになる。

身売りと「人権」

マリア・ルス号に関する裁判が神奈川県で進められる一方で、太政官左院では、並行して人身売買の禁止と娼妓の「解放」について審議が続けられていた。

芸娼妓「解放」令

ようやく先の大蔵省案をベースに、遊女屋・娼妓間の債務返済手続きに関する司法省の提案を組み込んで、娼妓の「解放」と遊女屋・娼妓間の負債をめぐる訴訟は受理しないという方針が定まる。明治五年（一八七二）一〇月二日、太政官布告二九五号として発布された。世にいう芸娼妓解放令である。

一、人身を売買致し、終身または年期を限り、その主人の存意《ぞんい》に任せ、虐使《ぎやくし》致し候は、人倫《じんりん》に背き、あるまじき事につき、古来制禁の処、従来年期奉公等、種々の名目をもって奉公住まい致させ、その実売買同様の所業に至り、もっての外の事につき、自今厳禁たるべき事。

一、農工商の諸業習熟のため、弟子奉公致させ候儀は勝手に候えども、年限満七年に過ぐべからざる事。……

一、平常の奉公人は一か年ずつたるべし。……

一、娼妓・芸妓等年期奉公人、一切解放致すべし。右についての貸借訴訟、そうじて取り上げず候事。

人身売買を禁止する。とくに、これまで年季奉公人の名目で召し抱え、年季一杯、あるいは終身にわたって遊女屋主人の思うがままに虐使され、売女稼ぎを強要されてきた娼妓らは人身売買にほかならないので、すべて「解放」する。人身売買は人倫に背き、あってはならない行為であるので、今後厳禁とする。なお、「解放」したのち、娼妓・芸妓の借金が未済であるなど貸借について遊女屋が訴え出ても一切取り上げない、とされた。ちなみに、第二条・第三条は、六月二三日の司法省案がそのまま採用されている。

しかしながら、「古来制禁」としてきた「人売り買い」は娼妓などの身売りなどではない。その点では、維新政府の認識は明らかに間違っている。制禁とされてきたのは、人身売買一般のことではなく、かどわかしと人商いであった。まして親・夫が娘・妻を遊女に売る＝遊女奉公に出すことを禁止したことなど一度たりともない。つまり、法的伝統のあった「人売り買い」を人身の売買一般に置き換えるというロジックでもって、禁止されたことのない娼妓・芸妓奉公（＝身売り）を禁止する法的根拠を創り出したのである。よくいえば、「人売り買い」禁止令について、その歴史的過程を充分に理解していなかった維新政権の力業《ちからわざ》ということになる。というよりは、西洋並みの開化を急ぐがあまりに、気づかれないであろうと確信犯的な恣意的解釈によって事実をすり替え、ありもしない新「人身売買禁止令」を「古来制禁」の法令として生み出したのである。それが、この芸娼妓「解放」令であった。

牛馬とりほどき令

その五日後の一〇月七日、太政官布告を補足する司法省令二二号が出された。貸借の訴訟を不受理とする理由を重ねて説明している。娼妓・芸妓の主人が彼女らの稼ぎで手にした「資本金」は「贓金《ぞうきん》」、すなわち不正な手段で手に入れた金である。おとなしく聞き入れるのであれば不問とするが、「解放」した娼妓・芸妓に貸していた借金の残りについて苦情を訴える主人からは、その財産を全額没収するとした。

また、人身売買同然の娼妓・芸妓は「人身の権利（＝人権）」を失った者であるから、牛馬に等しい。牛馬に、貸したものの返済を請求するという道理は成り立たない。であるから、娼妓・芸妓の借金は「解放」とともに棄捐されると説明する。人権を楯にとった、かなり無茶な論理である。ほとんどこじつけである。人権の強調は開化希求を根拠とする国民国家のフィクションの一つであった点がよくわかる。

さらに、徳川政権期に許されていた、身代金目当に養女を育てて娼妓・芸妓に売るケースも人身売買であるから、今後は処罰対象とすると変更された。

これら降ってわいた芸娼妓「解放」令・牛馬とりほどき令によって、たしかに遊女屋らの束縛から解き放たれて親元にもどったり、有徳人の妻や愛人となった者も少なからずいた。しかし、親元に戻ったところで、そもそも遊女に売るくらいに困窮した実家であるから、食い扶持が増えて貧乏に拍車をかけるだけであった。遊女に売られたことは村・町内で周知されており、色眼鏡の視線に晒されるのがオチである。といって教養・才能があるわけでもなし、手に職があるわけでもない。無いからこそ売られたのであって、縁組どころか就職先だって覚束ない。親元に戻れたと喜んだのも束の間、針の筵《むしろ》にじっとしていられる者がどれだけいたことか。彼女たちが元の遊女屋・雇い主を頼ることでしか生き延びられないことは目に見えている。

貸座敷での娼妓渡世

そんなことは、遊女屋も維新政権も最初から折り込み済みであったようだ。まず、新政権は娼妓・芸妓および遊郭の許認可・管理管轄から手を引く。つまり、売娼行為は禁止しないが、その取り扱いは府県に任せるという方法をとった。東京府をはじめ、以前同様に特定地区に売娼渡世者を封じ込めることによって、旧態と基本的に変わらない公娼に対して、各地域の特性に応じた対応がはかられていく。大日方純夫氏の分析のごとく、

このの ち地域の行政を担当する府県による公娼統制と警察当局による私娼の取り締まりが制度化されていく（大日方『日本近代国家の成立と警察』）。

たとえば、芸娼妓「解放」令の二日後、一〇月四日、東京府知事大久保一翁《いちおう》（忠寛《ただひろ》）は、遊女屋より娼妓らの請け状を没収し速やかに「解放」すること、なお、もし本人の希望により遊女・芸妓の仕事を続けたい者にはそれぞれ吟味をしたうえで許可すると通達している。さらに同八日には、遊女渡世（売娼）を許可するといっても心得違いをしてはいけない。許可した場所のみでの営業である。これまで遊女屋を営んでいた者は、貸座敷の営業を許すので、願い出て印鑑（鑑札）を取得するように。遊女・芸妓も望む者には届け出れば印鑑を発給するとした（『太政類典』）。つまり、遊女渡世は本人の自由意志による個人営業として認め、貸座敷業者はその営業場所を提供するという体制に切り替えられた。娼妓としての営業を休むのも辞めるのも自由とするが、営業場所は特定地区の認可された貸座敷業者のもとで行うという体制である。これは、かつて大蔵省布告案（七月三〇日）に盛り込まれていた貸座敷構想である。

芸娼妓「解放」令に対する各府県の対応もそれぞれ異なる。北海道では開拓使によって「解放」令の施行延期願いが出されたり、「解放」反対要求が出されたりするが（星玲子「北海道における娼妓解放令」『歴史評論』四九一号、一九九一年）、多くの府県では東京府に見習うかたちで「解放」が実施され、府県ごとに「遊女（娼妓）貸座敷渡世規則」、「遊女（娼妓）渡世規則」、「芸妓渡世規則」が定められていく。

たとえば、明治九年（一八七六）一一月一一日に定められた「神奈川県娼妓渡世規則」を見てみよう（『神奈川県史料』）。まず、娼妓渡世希望者は戸主・身元引き受け人を立てて願書を作成し、戸長の奥印を受けて出願すること。「詮議」したうえで、「官許の場所」の鑑札を下付する。ただし、一五歳未満の出願は認められない（第一条）。免許の鑑札手数料として毎月営業税を等級に応じて納入すること（第二条）。営業場所は貸座敷のみで、自宅から通っても、貸座敷に住み込んでも構わない（第四条・第五条）。貸座敷の異動、娼妓の廃業・転職は自由とし、もし貸座敷業者が理由なく拒んだり遅らせたりする場合は警察署あるいは小区扱い所へ訴え出るようにとある（第七条）。そしてもう一つ、「梅毒病院規則」を守り、定期的に梅毒検査を受けることとされた（第九条）。とくに娼妓の梅毒検査については、同年四月五日の内務省達乙第四五号「娼妓梅毒検査の件」が公布されてから、全国で義務化が進む。

開化の捨て石

売買された奴隷同然に、借金に拘束され、遊女屋に売女稼ぎを強制されるそれまでの公娼制度から、欧米同様に自由意志による個人営業としての売娼を容認するという新公娼制へ改編・移行の過程で、芸娼妓は「解放」されたことになった。

横浜居留地では『ジャパン・ガゼット』『ジャパン・ヘラルド』『ジャパン・メール』をはじめ各新聞で、マリア・ルス号裁判におけるディキンズの弁論、すなわち遊郭の遊女が奴隷同然である点の指摘が維新政府を動かし、芸娼妓「解放」令の発布に結びついたと報じた。まさに芸娼妓の「解放」を奴隷身分からの解放ととらえ、日本が文明化へ前進した点を評価している（森田『開国と治外法権』）。

はたして彼女らは解放されたのであろうか。多くの事実は、名目だけ取り替えても内実は江戸社会のままであった点を物語っている。「一切解放」と宣言することで維新政府は開化を手に入れようとしたのであり、それを欧米諸国も文明へ前進したと認めた点が重要である。つまり、徳川政権が造り上げた遊女奉公が奴隷同然の人身売買にほかならないという維新政権による自覚と引き替えに、彼女たちは開化の犠牲・捨て石とされてしまった。

それをまた、許可地区への公娼の囲い込みと自由意志での売娼制、および私娼の取り締まり・排除を柱とする近代の公娼制へ再編されたと見なすのもいかがなものか。徳川政権下においても、公娼の囲い込みと私娼の取り締まりは行われていた。それが公娼制の両輪であったといってもよい。また、自由意志による売娼や廃業の自由を必要以上に評価するのにも問題がある。欧米の資本主義社会における自主売春黙認の慣習・論理を借りてきて取って付けたにしかすぎなく、自由・人権は実態が伴っていない。一番重要な問題は、旧態同様に営業場所が自由ではないことであった。

そして、「解放」されても自由意志による娼妓「希望者」は後を絶たなかった。貸座敷における娼妓の営業が遊女屋の遊女時代より格段に改善されたかといえば、そんなことはない。所により女紅場《じょこうば》（芸娼妓の修養機関）が作られ、読み書き・裁縫などが教えられるようにはなるけれども、貸座敷が借金によって娼妓を拘束し、自由を制限する体制は何ら変わっていない（齊藤俊江「近代飯田遊郭における娼妓の生活」『年報都市史研究』一七号、二〇一〇年）。よくいえば貸座敷業者に娼妓としてスカウトされ娼妓として働くというスタイルをとるわけであるが、多くは小作農民や困窮民が娘を娼妓として預け、毎月仕送りさせたというのが内実であった。自己資金を貯めて自営（売娼）するなどということはありえなかった。スカウト時の契約金は以前同様の前借りの借金（身代金）に他ならず、月づきの仕送りは借金の追加となった。もちろん、必要不可欠な鑑札料・座敷使用料・衣服代、そのほか食事代・医療費などすべてが自腹。自弁できない分はすべて貸座敷業者からの追加借金によって賄われた。そして、それらの借金には利息がついて、休んでいるとどんどん増えていく。稼がないと貸座敷業者の締め付けはますます強くなる。

債務によって身柄を束縛され、遊郭でもって体を売り続けなければならないという彼女たちの境遇の、いったいどこが変わったのであろうか。借金を踏み倒して自由に廃業できたのであろうか。囲い込まれ統制・管理を受ける地区の貸座敷以外での営業が禁止されているのであれば、それが自由意志という名目が付けられていても、やはり本質は変わりようがない。どこでも個人で自由に娼妓営業ができたのであれば、話はまた別であるが。

あに図らんや、近代に入って遊郭は増え続け、明治一四年（一八八一）段階で全国五八六か所にのぼり、そのうち約四〇％は維新後に許可された地区である（『内務省統計書』）。

娼妓を生み出す社会

娼妓はそんなになりたがる職業、就業先だったのであろうか。そんなはずはない。遊郭社会のみを対象にして、維新政権・近代国家によって制度が改編されたと見なすだけではやはり不充分であろう。娼妓を生み出す社会構造、女性が「イエ」・親の犠牲となって体を売ることになるというシチュエーションは変わっていない。江戸社会のままである。地主・小作関係があり、「イエ」制度がそのままで、あいかわらず弱者が犠牲となり搾取される社会がある。政治の側面からみれば明治維新はインパクトのある変革をもたらしたといえるが、基盤社会・基礎経済の面からみれば、人びとの生活・暮らしには急激かつ基本的な変容を与えなかったともいえる。

娼妓を生み出す江戸社会はいつまで続いたのであろうか。昭和の時代になっても、昭和恐慌後の昭和六年（一九三一）、同九年と東北および北海道地方は大凶作に見舞われた。長引く経済不況、相次ぐ冷害・凶作に襲われた東北の農村では口減らしのために娘の身売りが多発する。

山形県保安課の調査によれば、女子の身売りは昭和九年だけで計三二九八人を数え、そのうち娼妓（公娼）が一四二〇人、酌婦（私娼）が六二九人、芸妓が二四九人であった。多くは東京府をはじめ県外で芸娼妓となっている。「イエ」存続のための身売りであり、周旋人が荒廃する農

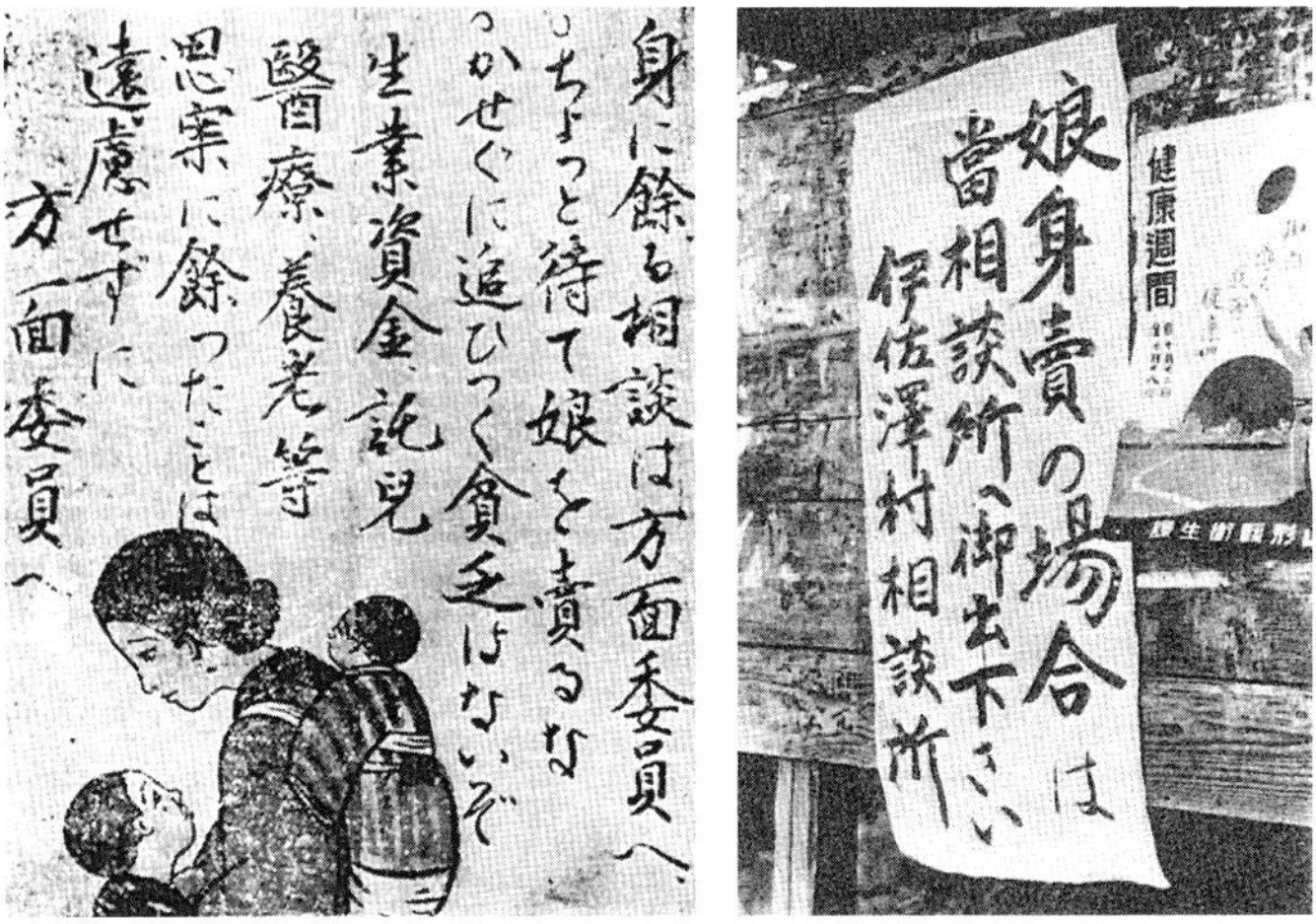

図９　秋田県・山形県での身売り防止運動

村に出没し娘を買い取っていった。地元の警察署や各町村役場の対策および防止運動も、その成果は空しいものであったという（『新庄市史』第五巻）。東北地方の他県も同様であったが、中国大陸への軍事進出や国際的に孤立しつつあった日本政府は、飢饉と身売りの問題を表立って取り扱うことに躊躇したようである。

一つの転機は昭和二〇年、アジア太平洋戦争の終結をきっかけとした戦後改革にあった。ＧＨＱ（連合国総司令部＝占領軍）の指導による民主化政策は、地主が集積していた農地を小作農に解放し、女性に参政権を与えた。さらに、教育制度の改革、憲法・民法の改正によって国民が基本的人権に気づき、「イエ」制度の矛盾が少しずつ氷解していく。公娼制度もいったんＧＨＱの命令で廃止されるが、占領軍用の特殊慰安施設（ＲＡＡ）が認可されたため赤線地帯として余命を保つことになる。

そして高度経済成長の時代となり、だれもが貧しさから脱却したと実感した。一応それが日本人にとって身売りの時代の終焉《しゅうえん》であった。

身売りは江戸時代の代名詞——エピローグ

今朝、早ーくに出ていったよ。ずいぶん借金かかえてたんだってなぁ。親父《おやじ》さんの入院費用だって言うんじゃない。それで娘が、身売りみたいなことするなんてな……。江戸時代じゃあるまいしね。

江戸時代じゃあるまいし

夜逃げ同然に黙って出て行ってしまった居酒屋「やまふじ」の女将《おかみ》、石崎ヒロミ（小雪）に恋心をいだく茶川竜之介（吉岡秀隆）に向けて告げられた不動産屋（松尾貴史）のセリフである。ヒロミは、そう遠くない「ゴールデン座」というストリップ劇場の踊り子となっていく。

これは、二〇〇五年（平成一七）に封切られた映画『ALWAYS 三丁目の夕日』中の一場面である。物語の設定は、かすかに終戦直後の匂いが残る一九五八年（昭和三三）の東京。集団就職列車、建設中の東京タワー、テレビのプロレス放送など、高度経済成長の兆しとあわせて、いわゆる売春防止法適用という世相がエピソードの背景として盛り込まれている。親のため娘が犠牲となって性風俗に身を沈める、そんな身売りがあたかも江戸時代の代名詞の一つとして使われている。

売春の禁止

日本で売春という行為そのものを法律でもってはじめて禁止したのは、一九五六年五月二日第二四回国会で可決され、同二四日に成立した売春防止法である。数度にわたり女性議員らによって議員立法として国会に法案が提出され、ようやく可決したのであった。同法は、翌一九五七年四月一日に施行され、違反者の刑事処分は一年間の猶予期間を置き、一九五八年四月一日から適用されることになった。

売春は人としての尊厳を害し、性道徳に反し、社会の善良の風俗を乱すものと規定された。代償を受け取り、あるいは受け取る約束で、不特定の相手とするセックスが処罰対象とされた。とくに、組織売春・管理売春を禁止することが目的とされている。売春をすることになった女性をその環境から救い出し保護・更生をはかり、また売春しそうな女子を補導するための法律であった。であるから、セックスを買う側の処分は不問に伏された。

特殊慰安施設として、それまで売春取り締まりの対象外（黙認）とされていた特定地区（赤線地帯）での慰安婦営業の継続は認められず、転廃業を余儀なくされた。こうして歴史の表舞台から身売り＝売春は退場することになる。

人身売買罪がない

ところで身売り＝人身売買の禁止はどうなったのであろうか。近代法の整備の過程で、未成年者略取・誘拐罪、逮捕・監禁罪など、本人の意志に反して自由を奪う罪は刑法に規定され処罰対象とされた。しかし、人の売買そのものを犯罪とする法律は制定されずにきた。長らく人身売買と売春が身売りというコインの裏表としてあったがために、売春を否定することによって、もう片方の人身売買も存在しえなくなると考えられていた。その背景には江戸社会で形づくられた日本固有の身売りの歴史がある。

じつはつい最近、二一世紀に入ってから国外からのインパクト（外圧）によって、日本には人身売買罪がないという事実（不備）を突かれることになる。きっかけは二〇〇四年（平成一六）版のアメリカ国務省作成の報告書、いわゆる『人身売買白書』で、日本がレベル2監視対象国とされたことであった。

監視対象国

二〇〇〇年、性的搾取や臓器売買などを目的とする人身取引（Trafficking）を禁止する目的で、国連は「国際組織犯罪防止条約」人身取引補足議定書・密入国議定書を採択した。日本も署名はするものの、批准したのは二〇〇五年のことである。

すぐさま対応をはかったアメリカは人身売買被害者保護法を制定し、翌二〇〇一年より『人身売買白書』を公表しはじめた。この白書では世界約一四〇か国と諸地域を対象に、反人身売買に関する取り組みを国・地域としてどれだけ努力し、またその成果がどれほど達成されているかランク付けされた。ランクは四段階からなり、レベル1は基準を満たす国、レベル2は基準は満たさないが努力中の国。レベル2監視対象国は現状の改善が図られていない国、そしてレベル3は基準を満たしていない国である。二〇〇四年発表の白書において、G8（主要先進国）のうちレベル2監視対象国は日本とロシアのみであった。

　報告書では、日本へ海外から女性・子どもが送り込まれ、売春や労働を強要され搾取されている、その背景には暴力団の関与がある、日本には人身売買を防ぐ包括的な法律もないと、その対策の不備を指摘された。つまり、人身売買の実態より、むしろ国としての取り組み度合いが評価基準であった。あくまでアメリカからみた現状報告書であり、アメリカの外交政策意図（経済制裁措置など）に沿う内容が要求されていたが、日本政府は赤面した。白書が公表される直前、重い腰を上げてようやく人身取引対策に関する関係省庁連絡会議を始動しはじめたばかりの日本政府は火急の対策を迫られることになった。

　バブル景気時代の一九八〇年代以降、アジア各地や諸外国から人身取引されて日本に送り込まれた女性たちが、借金の形《かた》に風俗業などで売春を強要されていた。当時「じゃぱゆきさん」と呼ばれた。この問題の根底には南北問題など複雑な背景があるが、日本は人身売買された女性の受け入れ大国と見なされていた。

あっという間にできた人身売買罪

日本政府は矢継ぎ早の政治的対応をはかっていく。まず、二〇〇四年（平成一六）七月に児童買春、児童ポルノに係る行為等の処罰及び児童の保護等に関する法律（児童ポルノ法）を施行、八月には法務省において刑法に人身売買罪を加える検討を開始した。略取・誘拐罪のみでは、日本人を国外に連れ出す行為について罰することはできたが、外国人が日本に連れてこられるケースに十分対応できていなかった。それまで、人身取引されて日本に連れてこられた女性たちは不法滞在者、つまり出入国管理法違反の犯罪者として扱われ、国外強制退去＝本国への送還措置がとられていた。被害者である彼女たちを保護・救済する視点が、もともと欠けていたといえる。

翌年五月、日本は「国際組織犯罪防止条約」に批准した。つづいて六月一六日には刑法の改正が国会で可決され、人身売買罪（刑法第二二六条の２）が新設された。人を買い受けた者、人を売り渡した者、人を海外に売買した者は処罰されることになった。とくに、未成年者を対象としたり、営利・わいせつ・結婚を目的とした場合や、臓器売買など生命・身体への加害を目的としたケースではより重く罰せられることとされた。人身売買罪の新設とともに、出入国管理法と難民認定法も改正されている。さらに、二〇〇六年五月には風俗営業等の規制及び業務の適正化に関する法律（風営法）も改正され、風俗営業者には外国人従業者の在留資格確認と実証が義務づけられることになった。

一方日本政府は、二〇〇五年、ユニセフの児童人身売買防止運動に六五万ドルを寄付し、さらにタイやフィリピンにおけるＩＬＯ（国際労働機関）の人身売買対策活動プロジェクトに二〇〇万ドルを寄付した。こうした努力と気前のいい援助活動の結果、海外から日本への人身取引に一定程度の歯止めがかけられることになり、白書でもレベル２となり監視対象国の汚名を返上することになる。

しかし現状はどうであろうか。白書では、日本はレベル２止まりである。海外からは就学・研修制度、あるいは国際結婚の擬装など巧妙な手口での流入は後を絶たないとされている。なぜ後を絶たないのであろうか。

それはもう、過去の歴史のなかの身売りではなく、われわれが生きている現在の話だ。

あとがき

身売りといって思い浮かべるのは、プロ野球球団や新聞社・大手書店の身売りなどで、現在の日本では企業の買収や経営合併・統合の意味でしか使われない。本来の意味である人身の売買や、江戸時代以降に使われるようになった売春の意味で身売りという表現を使うことは稀である。こうした身売りの意味は忘れられつつあるといっていい。

歴史上の身売り・人身売買は、その時どきの社会の本質をえぐり出すキーワードでもある。そのことを改めて考えようと思ったきっかけは、「〈江戸〉の人と身分」シリーズの第四巻『身分のなかの女性』(吉川弘文館、二〇一〇年)への執筆依頼(「身売り奉公と女性」)であった。シリーズの企画編集委員である深谷克己さんと編者の柳谷慶子さん・藪田貫さんが、かつて飯盛女奉公とか身分について研究したことのあることを覚えていてくれた。今ならば昔と違う、二〇代・三〇代の時には書けなかった視点でまとめることができるのではないかと手を差しのべてくれた。

恥ずかしながら、江戸幕府の人身売買禁止令の基本的解釈などは最初に発表した拙い「幕府法令に見える「奉公人」の再検討」という論文から何一つ変わっていない。「人売り買い」禁止令の研究を深めたいと発表した文章については、批判されたと勘違いされた峯岸賢太郎さんから実証抜きの感情的な反批判をいただいたりもした。しかしかえって、史料解釈や分析にだけ頼る自分の表現には、周りの研究者を納得させるだけの説明力・説得力が不足しているのだと反省した。

自治体史編纂の仕事の関係もあり、ここ二〇年ほどは譜代大名や地域社会史の研究に専念してきた。それでも、東海大学・国士舘大学・専修大学の学生たちを前に、講義では日本史のなかの人身売買や身売りの話を積み重ねてきていた。それらの経験によって、少しずつ読者に歴史のなかの身売りを歴史叙述として語りかける力がついてきたのだと思う。

さいごに、この本の執筆を熱心に勧めていただいた吉川弘文館の斎藤信子さんには改めて感謝し、お礼を申し上げます。

二〇一二年一月

下重　清

著者紹介

一九五八年　北海道に生まれる
一九八一年　早稲田大学第一文学部日本史専攻卒業
一九九一年　早稲田大学大学院文学研究科博士後期課程（日本史専攻）満期退学
二〇〇六年　博士（文学）早稲田大学
現在、東海大学文学部非常勤講師

主要著書
『稲葉正則とその時代―江戸社会の形成―』（夢工房、二〇〇二年）
『幕閣譜代藩の政治構造―相模小田原藩と老中政治―』（岩田書院、二〇〇六年）

歴史文化ライブラリー
341

〈身売り〉の日本史
人身売買から年季奉公へ

二〇一二年（平成二十四）四月一日　第一刷発行

著　者　下《しも》重《じゅう》清《きよし》
発行者　前田求恭
発行所　株式会社　吉川弘文館

東京都文京区本郷七丁目二番八号
郵便番号一一三―〇〇三三
電話〇三―三八一三―九一五一〈代表〉

振替口座〇〇一〇〇―五―二四四
http://www.yoshikawa-k.co.jp/
印刷＝株式会社 平文社
製本＝ナショナル製本協同組合
装幀＝清水良洋

歴史文化ライブラリー

1996.10

刊行のことば

現今の日本および国際社会は、さまざまな面で大変動の時代を迎えておりますが、近づきつつある二十一世紀は人類史の到達点として、物質的な繁栄のみならず文化や自然・社会環境を謳歌できる平和な社会でなければなりません。しかしながら高度成長・技術革新にともなう急激な変貌は「自己本位な刹那主義」の風潮を生みだし、先人が築いてきた歴史や文化に学ぶ余裕もなく、いまだ明るい人類の将来が展望できていないようにも見えます。このような状況を踏まえ、よりよい二十一世紀社会を築くために、人類誕生から現在に至る「人類の遺産・教訓」としてのあらゆる分野の歴史と文化を「歴史文化ライブラリー」として刊行することといたしました。

小社は、安政四年（一八五七）の創業以来、一貫して歴史学を中心とした専門出版社として書籍を刊行しつづけてまいりました。その経験を生かし、学問成果にもとづいた本叢書を刊行し社会的要請に応えて行きたいと考えております。

現代は、マスメディアが発達した高度情報化社会といわれますが、私どもはあくまでも活字を主体とした出版こそ、ものの本質を考える基礎と信じ、本叢書をとおして社会に訴えてまいりたいと思います。これから生まれでる一冊一冊が、それぞれの読者を知的冒険の旅へと誘い、希望に満ちた人類の未来を構築する糧となれば幸いです。

吉川弘文館

〈オンデマンド版〉
〈身売り〉の日本史
人身売買から年季奉公へ

歴史文化ライブラリー
341

2022年（令和4）10月1日　発行

著　者　下《しも》重《じゅう》　清《きよし》
発行者　吉川道郎
発行所　株式会社　吉川弘文館
〒113-0033　東京都文京区本郷7丁目2番8号
TEL　03-3813-9151〈代表〉
URL　http://www.yoshikawa-k.co.jp/

印刷・製本　大日本印刷株式会社
装　幀　清水良洋・宮崎萌美

下重　清（1958〜）

ISBN978-4-642-75741-6